ONZE BUREN

Frank Visser

Onze buren

UITGEVERIJ BALANS

Alle in dit boek beschreven gevallen zijn ontleend aan de praktijk. Voor zover deze niet eerder zijn gemeld in de pers of juridische vakbladen, is elke overeenkomst tussen werkelijk bestaande personen en werkelijke gebeurtenissen echter puur toeval en door de auteur niet zo bedoeld.

Omslagontwerp Nico Richter
Omslagfoto Rogier Veldman
Foto auteur Hans Hogervorst
Boekverzorging Jos Bruystens, Maastricht
Druk Wilco, Amersfoort

ISBN 978 90 5018 947 7
NUR 820

www.uitgeverijbalans.nl

Mixed Sources
Productgroep uit goed beheerde bossen, gecontroleerde bronnen en gerecycled materiaal.
FSC www.fsc.org Cert no. CU-COC-803902
© 1996 Forest Stewardship Council

Uitgeverij Balans stelt alles in het werk om op milieuvriendelijke en duurzame wijze met natuurlijke bronnen om te gaan. Bij de productie van dit boek is gebruikgemaakt van papier dat het keurmerk van de Forest Stewardship Council (FSC) mag dragen. Bij dit papier is het zeker dat de productie niet tot bosvernietiging heeft geleid.

Inhoud

INLEIDING

Onze buren, dat zijn we zelf

Rokende barbecues en rondstruinende katten

Wanneer u nooit last heeft van uw buren bent u een gelukkig mens. De meesten van ons hebben het helaas minder getroffen. Die moeten om de lieve vrede luidruchtige feestjes, rokende barbecues, rondstruinende katten, hoog opschietende bomen of voor de deur geparkeerde caravans slikken. Een verstandig mens bezit zijn ziel in lijdzaamheid. Maar wie kan dat tot in de eeuwigheid blijven volhouden? Er komt een ogenblik dat u zichzelf niet meer in de hand hebt en buurman eens goed de waarheid zegt. Grote kans dat dit escaleert en dan zit u midden in een heuse burenruzie.

Burenruzies, ik heb er al heel wat behandeld. Als rijdende televisierechter, maar ook als kantonrechter en daarvoor, heel lang geleden, als officier van justitie. Burenruzies grijpen diep in het persoonlijk leven van de betrokkenen in. U kunt nu eenmaal niet om uw buurman en -vrouw heen, zelfs al zou u het willen. Er gaat geen dag voorbij of u komt elkaar tegen. Praten helpt uiteindelijk niet meer, al was het maar omdat u dat niet meer kunt opbrengen. U kunt nog wel proberen de buren te negeren, hetgeen wel zo verstandig is, maar het blijft aan u vreten. U bent een gevangene in uw eigen huis geworden.

Ontkennen helpt niet

Ontkennen helpt niet. Wie wilt u nu goed voor de gek houden?

'Ik heb helemaal geen ruzie met de buren,' liet een deftige heer uit het zuiden van het land mij eens weten. Ik moest hem uit de droom helpen. 'Meneer,' zei ik. 'Uw buren hebben de schutting omgehaald en hebben aan uw boom gezaagd. U op uw beurt heeft een traliehek op de gezamenlijke oprit geplaatst, brieven gestuurd aan de politie en hun hond een schop gegeven. Gelooft u mij, u zit midden in een enorme burenruzie.'

Ruzie met de buren kan iedereen zomaar overkomen. Net zoals de griep of een veel engere ziekte. Niemand is immuun. Koning, keizer, admiraal…

Relatieconflict

Veel burenruzies vertonen – psychologisch gezien – grote overeenkomsten met andere relatieconflicten, zoals arbeidsconflicten en huwelijksproblemen. Men is er dag en nacht mee bezig. Het vormt een enorme emotionele belasting. En uiteindelijk, als er geen verbetering meer in zit, staat men toch voor de keuze: ga ik hier mee door of niet? Want u heeft wel degelijk de keuze om de relatie te beëindigen. De werknemer die het gepest zat is, kan ontslag nemen. De vrouw die haar huwelijk definitief heeft opgegeven, kan echtscheiding aanvragen. En de buurman die er niet meer tegen kan, kan altijd nog verhuizen. Maar ja, hoor ik dan, dat is allemaal gemakkelijker gezegd dan gedaan. Verhuizen is toch niet niks?! Hoeveel kost dat wel niet? En waar vind ik een leuke en betaalbare andere woning? Praktische bezwaren dus. Maar er is meer. Veel mensen die uiteindelijk de handdoek in de ring gooien en hun biezen pakken, voelen dat toch als een vlucht, als een nederlaag. Na jaren van kijven en vechten, delven zij het onderspit, terwijl de gehate buurman ze lachend staat uit te zwaaien.

Nieuwe kansen

Toch is dat soms wel het beste. U begint immers een nieuw leven met nieuwe kansen. Als u dan 's morgens de gordijnen opendoet, ziet u de zon weer schijnen. Terwijl de buurman voor wie u bent vertrokken, in zijn eigen chagrijn is achtergebleven. Wie is er hier nu de verliezer? Bovendien, tien tegen een dat hij een jaartje later weer ruzie heeft met de nieuwe buren.

Maar ook in uw nieuwe buurtje blijft het oppassen geblazen. Dat u niet opnieuw in zo'n conflict wordt betrokken. Dat u net de verhuisdozen heeft uitgepakt en dat er weer een buurman over de heg staat te schreeuwen. Een nachtmerrie, waarin u zichzelf begint af te vragen, of het misschien tóch aan u ligt. Dat is nooit uit te sluiten. Want laten we eerlijk zijn: wij hebben niet alleen last van onze buren, maar zij hebben op hun beurt ook weer last van ons. Slachtoffers worden daders en omgekeerd. En dan heb ik het nog niet eens over de zogenaamde serieruziemakers, buren die een spoor van conflicten achter zich laten. Ze maken niet alleen ruzie met hun directe buren, maar ook met mensen verderop in de straat en zelfs om de hoek. Het zal niet de eerste keer zijn dat dit soort lieden door het sluiten van listige allianties hele straten weet te ontwrichten. Ga daar maar eens aan staan, als wijkagent.

Ziekmakend

'Ik wil een oplossing', is de meest gehoorde verzuchting bij maar voortslepende burenruzies. Dus als de andere buurman dat ook wil, zou men denken, moet dat toch lukken. Helaas is er in dat stadium zelden nog een echte, voor beide partijen aanvaardbare oplossing voorhanden. En dus blijft men maar doormodderen, terwijl de zaak verder escaleert. Met alle gevolgen van dien. Dat is een slechte zaak. Want vergis u niet, een onopgelost burenconflict is letterlijk ziekmakend. Bovendien kan het betrokkenen een hoop geld kosten.

Kraaiende hanen

Zo was er eens een man die een aantal kraaiende hanen hield, waar zijn buurman niet tegen kon. De zaak liep hoog op en geen van beiden wilde toegeven. Betrokkenen procedeerden zich een slag in de rondte, de zaak kwam zelfs bij de Hoge Raad der Nederlanden – onze hoogste rechter – terecht. Het eindigde hiermee, dat de eigenaar van de hanen moest opdraaien voor de psychische schade van zijn inmiddels zwaar overspannen geworden buurman. Dat liep flink in de papieren en dan heb ik het nog niet eens over de advocaatkosten. Hoezo, een flutzaakje?

Moord en doodslag

Conflicten tussen buren zijn niet alleen emotioneel zwaar belastend, ze kunnen ook grote economische schade berokkenen aan partijen. Het is dus zaak dergelijke conflicten serieus te nemen. Dat geldt niet alleen voor de direct betrokkenen, maar ook voor hulpverleners en autoriteiten. Een onopgeloste burenruzie kan in het slechtste geval dusdanig escaleren dat hij uitmondt in excessief geweld. Wie herinnert zich niet de boze man die met een shovel het huis van de buren kwam binnenrijden? Maar het kan nog erger: moord en doodslag. Dan lezen we in de krant dat de buren elkaar met messen te lijf zijn gegaan. Iedereen vraagt zich in zo'n geval af, hoe het zover heeft kunnen komen. Nou, daarover gaat dit boek.

Niemand komt er zonder kleurscheuren af

We komen te spreken over de diverse uitingen van burenconflicten, zoals die over omgewaaide schuttingen, een geweigerd recht van overpad, ergerlijk wildparkeren en nachtelijk burengerucht. Verder wordt ingegaan op de diverse typen burenruzie, waaronder de extremiteiten als Type III (de aso) en Type IVa (de psychopaat). Natuurlijk mag ook de door mij bedachte 'Escalatietrap' niet ontbreken, of hoe men vanwege een zakelijk meningsverschil over doorschietende boomwortels in een politiecel kan belanden. Ten slotte komen de oplossingen ruim aan bod. Hoe kan ik uit de ellende raken met zo min mogelijk geestelijke en materiële schade? Zonder kleerscheuren komt niemand ervan af, kan ik alvast verklappen. Maar met de juiste aanpak valt een burenruzie in de regel wel degelijk te beëindigen.

Vandaag zij, morgen wij

Waar het uiteindelijk op neerkomt is dat de lezer zich bewust wordt van de diverse soorten burenruzie, die alle hun eigen aanpak vereisen. Al was het maar omdat, zoals reeds opgemerkt, een burenconflict iedereen kan overkomen. Het kan in alle lagen van de bevolking uit de hand lopen. In de Haagse Schilderswijk net zo goed als in Het Gooi. Het kan over van alles gaan: over een schotelantenne op het balkon, een maar doorklingelende windgong of een nieuwe uitrit. Niemand staat er boven, al is hij maatschappelijk nog zo geslaagd en heeft hij nog zo doorgeleerd. Ik heb ze allemaal zien komen en gaan, de eenvoudige handwerkslieden, de kantoorbediendes, de huisvrouwen en pensioengerechtigden. Maar ook de zakenlieden, medici en professoren. Er was zelfs een heuse jonkheer bij. Waarmee ik maar wil zeggen: vandaag zij, morgen wij.

Er mag gelachen worden

Doe dus uw voordeel met dit boekje. Een waarschuwing is daarbij nog op zijn plaats. De beschreven ellende is soms tamelijk komisch, helaas. Mag daarom gelachen worden? Ik kan die vraag volmondig met 'ja' beantwoorden.

Ja, er mag gelachen worden. Wij zijn immers ook zelf buren. Dit boekje houdt ons een spiegel voor. Als we lachen, lachen we dus ook om onszelf.

1

Heggen en hoogopschietende bomen

De vernielde heg

Onenigheid over bomen en heggen is zonder enige twijfel nummer één in de toptien van burenruzies. De een is erg verknocht aan zijn heg, die maar niet hoog genoeg kan groeien, terwijl de ander hem het liefst tot de grond toe zou terugsnoeien. 'Dat ding neemt alle voeding weg in mijn tuin,' meldt laatstgenoemde op een zonnige dag. 'Zullen we niet liever een schutting zetten?' Nou, niet dus. 'Geen sprake van,' laat de andere buurman weten. 'Die heg staat er al jaren en wij vinden die erg mooi.' De buurman, die de heg liever kwijt is, kan hier niet mee leven. Onder luide aansporingen van zijn echtgenote begint hij flink aan de heg te knippen. 'Om hem laag te houden, alleen aan onze kant,' vergoelijkt hij zijn ingreep. Als dan ook nog eens de afgeknipte takken en blaadjes over de verminkte haag worden geworpen, is Leiden in last. 'Je blijft met je fikken van die heg af,' klinkt het dreigend. Als de knippende buurman dan toch weer met de heggenschaar komt aanlopen, wordt de buitenkraan opengedraaid en krijgt hij de volle laag met de tuinslang. Nadat de 'knipper' scheldend is afgedropen, moet de wijkagent partijen de volgende dag ernstig terechtwijzen.

De zaag erin

Ruzie over de heg, daar kunnen mensen zich in de praktijk meestal nog wel overheen zetten. Al was het maar omdat ze na een goed gesprek toch maar besluiten een schutting te plaatsen. Wat in beginsel ook de door ons Burgerlijk Wetboek voorgeschreven oplossing is, voor dit soort grensconflicten. Heel anders ligt het met ruzies over hoog opschietende bomen. Die laten zich veel lastiger oplossen. Waarom eigenlijk? Zeker, op het eerste gezicht gaat het ook daarbij over werkelijk beleefde overlast. U zult op een mooie zomerdag maar thuiskomen en moeten meemaken dat u door die rotboom van de buren geen zon meer heeft op uw terras. Zit u na een dag hard werken nog in de schaduw met uw pilsje. 'De zaag erin,' roept u uw buurman toe. Maar die heeft daar helemaal geen trek in. 'Een prachtige boom, daar gaan we niets aan verzagen,' klinkt het resoluut.

Op het verkeerde been

Kortom, een begrijpelijk conflict van belangen, zou men zeggen. Daar zou u, al dan niet met hulp van een bemiddelaar, toch samen uit moeten kunnen komen. Helaas moet de echte oorzaak van alle onvrede geregeld ergens anders worden gezocht. De ruzie gaat dan zogenaamd over de boom, maar die vormt slechts de aanleiding tot de ongeregeldheden. Het werkelijke probleem snijdt veel dieper. Dat wordt jammer genoeg veel te vaak over het hoofd gezien. Partijen zetten zichzelf en de hulpverlenende instanties daardoor steevast op het verkeerde been. De werkelijke oorzaak van de problemen wordt zo niet aangepakt en de burenruzie lijkt onoplosbaar.

De vrouw van de slager

Mijn jarenlange praktijk met dit soort geschillen heeft mij geleerd dat men in 'bomenzaken' altijd bedacht moet zijn op een dieperliggend conflict. Ik doel hier met name op de gevallen waarin de boom nooit eerder reden tot klagen gaf. Als er al sprake was van enige hinder, dan werd die kennelijk voor lief genomen. Pas nadat de verhoudingen om welke reden dan ook waren bekoeld, begon men te klagen. Ik denk hier aan de slagersvrouw die de zoon van de buren in het bed van haar dochter aantrof. Nadat zij de rekel met de koekenpan uit de maagdenkamer had verjaagd, ging ze verhaal halen bij de buurman. Die zag er de humor wel van in en stelde zich op het standpunt dat zijn zoon tenminste blijk gaf van een gezonde geslachtsdrift. Dat was niet de door moeder gewenste reactie, waarna het over en uit was met de burenliefde. Al snel begon moeder te klagen over de kloeke beukenboom in de tuin van de buren. Blaadjes, takjes: ze had er genoeg van. Ze eiste de onmiddellijke verwijdering van de beuk, in mijn beleving eigenlijk een personificatie van de buurjongen die zich aan haar dochter had vergrepen. Het spreekt voor zich dat de bijna honderd jaar oude beuk daarvoor juridisch niet hoefde te boeten. De gemeente zou om die reden ook nooit een kapvergunning afgeven. Ik besliste dan ook dat de boom kon blijven staan.

Oude mensen

Opvallend veel oude mensen, meestal mannen, eisen dat naburige bomen worden verwijderd. Daarbij vertonen zij een voorkeur voor eveneens heel oude bomen. Zo was er een meneer van dik in de negentig die wilde dat een enorme berkenboom nog even werd omgehakt. Natuurlijk, daarvoor had hij ogenschijnlijk valide argumenten. De betreffende boom nam veel zonlicht weg en berkenbomen verliezen nu eenmaal veel zaden, bladeren en ander 'afval'. Toch was er wat bijzonders aan de hand. De door hem beschreven overlast dateerde immers niet van vandaag of gisteren. Die berk stond er al dertig jaar. Waarom moest die boom dan nu nog weg? Ik kon en kan helaas geen ander antwoord bedenken, dan dat betrokkene het niet kon verkroppen dat die boom hem zou overleven. Dat heb ik helaas vaker gezien. Opvallend is dat dit soort lieden erg agressief kan worden bij de mondelinge behandeling van hun zaak. Ze vertonen gedrag dat niet in overeenstemming lijkt met hun gevorderde leeftijd. 'Decorumverlies,' constateert de psycholoog. 'Een geval van beginnende dementie,' concludeert de geriater. Ik houd het op een korte, laatste opflikkering van het ego, dat zich pijnlijk bewust is van zijn naderend einde.

Waar gaat dit in vredesnaam over?

Als we zo'n zaak behandelen in *De Rijdende Rechter*, krijgen we nogal wat reacties. 'Dat jullie dat durven uitzenden,' horen we vaak. 'Dat is toch zielig voor die man, die niet meer weet wat hij doet. Die hadden jullie tegen zichzelf moeten beschermen!' Of, minder invoelend: 'Dat de rechter nog zo veel begrip had voor die akelige man! Het zal je toch maar gebeuren, dat zo iemand naast je komt te wonen.' Dan wel, enigszins arrogant: 'Hebben jullie niks beters om uit te zenden. Wat een flutzaak. Waar gaat dit in vredesnaam over?' Tja, de een vindt het gênant, de ander irritant en een derde ergert zich aan de leegheid van het televisiebestaan. Maar feit is wel dat men zich dringend geroepen voelt te reageren. Geen uitzending waarop zo veel reacties binnenkomen als die waarin het om bomen gaat. Kennelijk blijft dat hangen bij de kijkers. 'Jullie programma gaat altijd over bomen,' krijg ik dan ook vaak ten onrechte te horen. 'Dat is niet waar,' antwoord ik telkens. 'We hebben misschien twee bomenzaken per serie. Maar het bijzondere is dat iedereen zich die kennelijk kan herinneren.' Waarmee ik maar wil zeggen: bomen raken ons klaarblijkelijk dieper dan we beseffen.

Een boom vermoorden

'Bloemen houden van mensen,' luidt een bekende reclameslogan. Dat is natuurlijk onzin. Het is precies omgekeerd, mensen houden van bloemen. Dat speelt nog veel meer bij bomen. Wij mensen voelen gauw een bijzondere relatie met de ons omringende bomen. We houden van ze, we leven met ze, we zien ze als levende wezens. Zelfs zo levend dat we ze soms kunnen haten. Daarmee hebben we alle ingrediënten in huis voor een heus relatieconflict, waarbij de boom moeiteloos de plaats kan innemen van de buren en omgekeerd. Zo bezien is het niet verwonderlijk dat buren zich soms letterlijk gaan vergrijpen aan de boom in kwestie, door deze te vernielen of zelfs om te hakken. Ja, er wordt wat afgezaagd in ons land, liefst als de buren op vakantie zijn. Soms gaat men daarbij zo tekeer dat de boom bijna wordt gehalveerd. In het ergste geval gaat de kettingzaag erin en treffen de buren bij thuiskomst nog slechts een trieste boomstronk aan. Juridisch hebben we het hier over zaaksbeschadiging en -vernieling. Maar psychologisch ligt deze vorm van agressie dichter bij mishandeling en moord. Door de boom te vernielen, wordt eigenlijk de buurman zelf mishandeld. En het omhakken van diezelfde boom voelt een beetje als het ombrengen van de gehate eigenaar.

Grensoverschrijdingen

Bij burenruzies worden geregeld de grenzen van de wet en het fatsoen grovelijk overschreden. Soms worden ook nog eens de kadastrale grenzen geweld aangedaan.

2

Grenzen stellen

Grensoorlogen

In de wereldgeschiedenis zijn de nodige grensoorlogen gevoerd. Plaatselijke potentaten betwistten elkaar het bezit van al dan niet rijke gronden, ten koste van vele mensenlevens. Op microniveau, tussen gewone buren, is het soms weinig beter gesteld. In de praktijk van het burenrecht geeft de precieze bepaling van de erfgrens telkens weer aanleiding tot hoogoplopende conflicten. Conflicten die met de mond, de vuist en/of met advocaten worden uitgevochten. Zij het niet noodzakelijkerwijs in die volgorde.

De zegeningen van het kadaster

In principe zou het zo gemakkelijk moeten zijn. Sinds Napoleon hier de scepter zwaaide, kennen we de zegeningen van een kadaster. Niet ter zake doende uitzonderingen daargelaten, zijn landmeters heel wel in staat de juiste perceelsgrenzen te bepalen. De gegevens daarvoor ontlenen zij aan nauwkeurig bijgehouden kadastrale kaarten. Doet zich dus de vraag voor waar de erfgrens precies loopt, dan bestelt men landmeters en plaatst de schutting op de uitgemeten lijn.

Vechtend door het gras rollen

Helaas ligt het in de praktijk niet altijd zo gemakkelijk. Om te beginnen worden de landmeters bij het uitoefenen van hun taak nogal eens gehinderd door de direct betrokkenen. Een al maanden smeulende ruzie komt spontaan tot ontbranding als de landmeters arriveren. Dan wordt er gescholden en geduwd, gedreigd en in de weg gelopen. Gelukkig zijn de jongens – en een enkel meisje – van het Kadaster wel wat gewend. Dus gemeten wordt er in de regel toch. Zolang de buren alleen elkaar belagen is er niets aan de hand, landmeetkundig bezien. Dat de buren tijdens en na de meting door het gras rollen, deert het Kadaster niet.

Dat was wel lachen geblazen

Het wordt problematisch als betrokkenen de juistheid van de meting in twijfel trekken. Een normaal mens zou denken: 'Die lui hebben daarvoor doorgeleerd, dus meten zullen ze wel kunnen.' Maar helaas kan menigeen dat blijk van gezond verstand niet opbrengen, als de resultaten van de met vertrouwen tegemoet geziene landmeting enigszins tegen blijken te vallen. Dan kunnen zelfs doorgaans verstandige mensen vreemd gaan reageren. Zoals de heer Idsingha, die de landmeter ooit diens meetinstrument afpakte om zelf te gaan meten. Dat was wel lachen geblazen, maar het sloeg natuurlijk nergens op. Erger is het als men overgaat tot het fysiek belagen van de landmeters, die soms, natuurlijk volstrekt ten onrechte, van partijdigheid worden beticht. Uiteraard zijn er zelfs grenzen aan wat een landmeter kan verduren. Dus, als de aanwonenden niet meer voor rede vatbaar blijken en de lichamelijke integriteit van de landmeters gevaar loopt, verlaten zij ijlings de plek des onheils. Niemand schiet daar overigens wat mee op, want gemeten wordt er uiteindelijk toch, als de gemoederen weer bedaard zijn.

Luttele centimeters

Waarmee niet gezegd is dat de landmeters altijd 'gelijk' hebben. Dat zit zo. Weliswaar stemt de kadastrale beschrijving van percelen in beginsel overeen met de werkelijke eigendomsverhoudingen. Maar toch is het mogelijk dat de kadastrale erfgrens daarvan (iets) afwijkt. Een voorbeeld moge dit verduidelijken. De echtelieden Feenstra hadden ongeveer 25 jaar geleden per ongeluk een stukje grond van buurman Kreiloord bij hun tuin getrokken. Dat was gebeurd bij gelegenheid van het plaatsen van een nieuwe schutting. Volgens de wet waren de Feenstra's na twintig jaar door verjaring eigenaar geworden van dat stukje en was Kreiloord het definitief kwijt. Het Kadaster wist daar niets van, omdat niemand die wijziging had doorgegeven. Nou, dat liep uit op een knallende ruzie, toen het Kadaster op een kwade dag ambtshalve kwam meten. 'Weg met die schutting!' riep Kreiloord. Al ging het om slechts luttele centimeters, hij was niet tot rede te brengen. De Feenstra's zaten danig met die situatie in hun maag. Het beroep op verjaring kon ze weliswaar redden, maar goed is het nooit meer gekomen. Want ook de Feenstra's konden voor de lieve vrede niet de grootheid opbrengen om de schutting dan maar, zij het juridisch onverplicht, terug te plaatsen.

Mensen kunnen zeer onredelijk zijn

Nee, mensen kunnen zeer onredelijk zijn, als het om de erfgrens gaat. Dat is niet helemaal onbegrijpelijk als we het over piepkleine tuintjes in de zogenoemde vinex-wijken hebben. Ik bedoel, als uw tuin al zeer krap bemeten is, komt het verlies van een dure meter tuin natuurlijk harder aan dan wanneer u de beschikking heeft over een ruim opgezet bosperceel in Drenthe. Helaas leert de praktijk dat zelfs de gelukkige eigenaren van uitgestrekte landerijen zeer gehecht zijn aan de laatste centimeters. Men gunt de buurman zogezegd nog geen vierkante millimeter grond en gaat zonder blozen het conflict aan, als deze verloren dreigt te gaan.

Gaôt van mien land af!

Daarbij speelt ook de regionale factor een rol. Naar mijn ervaring bewaakt men de uiterste grenzen van het eigen grondbezit op vette kleigronden veel agressiever dan op arme zandgronden. Wie kent niet het door een noordelijke cabaretier bedachte verhaal dat de Hof van Eden oorspronkelijk in de klei van de provincie Groningen was gepland. God kwam terug op dat onzalige plan, nadat Hij de eerste Adam had geschapen. Die liet hem onmiddellijk na zijn schepping op zijn Gronings weten: '*Gaôt van mien land af!*' Waarop de Schepper het later ergens anders nog maar eens probeerde.

Landjepik

De hiervoor besproken methode, het land van de buren door verjaring in volle eigendom krijgen, geeft in de rechtspraktijk geregeld aanleiding tot misbruik. We hebben het dan over het zogenoemde landjepik. Door bijvoorbeeld het stiekem verplaatsen van piketpaaltjes bij nieuwbouwprojecten, soms al voordat de woning is opgeleverd, wordt de eigen tuin steeds groter en die van de buurman steeds kleiner. Ook bij verhuizingen zien landjepikkers nogal eens hun kans schoon. Voor de nieuwe eigenaar arriveert, is het hekje verplaatst. Geen haan die ernaar kraait. Totdat het kadaster later komt meten, natuurlijk. Wanneer de bestolen buurman intussen niets merkt, of het maar laat zitten, raakt hij het gepikte stukje grond na twintig jaar onherroepelijk kwijt. Maar als hij wel protesteert, zijn de poppen ook aan het dansen. Want gronddieven behoren tot het ras der brutalen. De oplettende buurman wordt dan onbeschaamd als zeurpiet weggezet.

Helaas kunnen we de verjaring niet missen

Ik heb ervaren dat aldus bestolen grondeigenaren deze gang van zaken als zeer onrechtvaardig beschouwen. Dat de dief door het recht zo voor zijn wandaden wordt beloond, gaat hun juridische begrip te boven. Menigeen zal dat van harte meevoelen. Het punt is alleen dat we de verjaring niet kunnen missen. Want zou er geen verjaring bestaan, blijft de eigendom van percelen tot in eeuwigheid ter discussie staan. Hoe zou u het vinden als u de eigendom van uw koophuis kon verliezen, omdat er tweehonderd jaar geleden iets niet in orde was met de overdracht van de grond? Nee, het recht ontkomt er niet aan een bestaande situatie uiteindelijk te legaliseren. Ook al was die illegaal.

Beschaafd voorkomende buren

Nog levendig bij staan mij de twee vermogende en beschaafd voorkomende buren die stampei maakten over de precieze grens tussen hun beider riante vooroorlogse villa's. De landmeters kwamen meten, en wat bleek? De in 1924 onder architectuur gebouwde garage van buurman Klootwijk stond een meter of twee op de grond van buurman Van Heusden. Ook het monumentale smeedijzeren toegangshek tot de villa van Klootwijk stond deels op de grond van de buren. Hoe dat zo gekomen was, kon niemand meer navertellen. Maar Van Heusdens opgewonden eis, door een daarvoor ingehuurde advocaat overgebracht, dat Klootwijk de garage en het toegangshek 'binnen 48 uur na heden' moest verplaatsen, was juridisch veel te kort door de bocht. De situatie ter plaatse bestond al sinds 1924, de hele zaak was allang verjaard. Naar verluidt noemt Van Heusden zijn buurman sinds die tijd in het voorbijgaan 'landjepikker'.

Voor de deur parkeren

Nee, wij Nederlanders houden niet van landjepikkers. Wij hechten erg aan ons eigen stukje grond, met daarop ons eigen huisje. En natuurlijk parkeren we onze eigen auto daar graag precies voor de deur. Als de buurman dat plekje niet heeft ingepikt, tenminste.

3

Parkeerverdriet

Dat is onze plek!

Buren staan elkander niet alleen rondom de erfscheiding naar het leven. Ook op straat weten zij elkaar te vinden, vooral voor de deur. Menigeen is de rotsvaste overtuiging toegedaan dat de voor zijn huis gelegen openbare weg deel uitmaakt van zijn privéterritoir. Het is dat men er geen hek omheen kan zetten, anders deed men dat direct. Het ontbreken van zo'n hek brengt met zich mee dat vreemden hun auto daar zomaar neer kunnen zetten. Vandaar dat de vermeende rechthebbende 'zijn' plek vanuit de voorkamer voortdurend in het oog houdt, zodat bij het minste gevaar onmiddellijk kan worden opgetreden. Tikkend tegen het raam wordt de argeloze parkeerder te kennen gegeven dat het niet de bedoeling is dat hij zijn auto daar achterlaat. 'Dat is onze plek,' klinkt het dan.

Ruimtetekort

Jaja, onze plek. In de grote steden zijn de mensen al

blij als ze de auto binnen loopafstand van hun woning kwijt kunnen. Maar elders in het land is er een stuk meer ruimte. Logisch dat mensen er dan aan hechten om hun blik op wielen voor de eigen deur neer te zetten. Daar is natuurlijk niets mis mee, zelf zet ik mijn auto daar ook graag neer, als er tenminste plek is. Maar wanneer mensen die plek gaan claimen als ware hij hun privé-eigendom, dan gaat het verkeerd. Meestal hebben we in die gevallen te maken met een gedurende jaren gegroeide situatie. In een nieuwbouwwijk bijvoorbeeld, parkeerde iedereen altijd voor de eigen garage, die vanwege ruimtegebrek binnenshuis als opslag in gebruik was. Maar zodra er meer auto's in de wijk kwamen, ontstond er ruimtegebrek. Ja, en toen zette men de wagen noodgedwongen soms ergens anders neer. Bijvoorbeeld bij de buren. Dat vond niemand leuk, er werd heel wat afgescholden. Gelukkig wist een buurtbemiddelaar de gemoederen te sussen. Iedereen beloofde voortaan zoveel mogelijk voor zijn eigen deur te gaan staan. Maar als dat niet ging, mocht het ook ergens anders, mits dat geen weken ging duren. Helaas zijn mensen niet overal zo verstandig.

Caravans en aanhangwagens

Echt vervelend wordt het als buurtbewoners de schaarse parkeerruimte gaan gebruiken voor de permanente stalling van hun caravans en aanhangwagens. Wie kent niet het intrieste beeld van het aftandse aanhangertje, compleet met lekke band, dat met een ketting aan de meest nabije lantaarnpaal is bevestigd. Als u pech heeft, staat dat kreng daar jaren lang weg te roesten en neemt het al die tijd een parkeerplaats in beslag. Natuurlijk moet de trotse eigenaar van dat 'bakkie' het trekkende voertuig ook nog ergens kwijt. Waar dan? Juist, bij u voor het raam, op uw 'eigen plekkie'. Waar u uw auto dan voortaan neer moet zetten, zal hem worst wezen.

Algemene politieverordening

Tja, wat doet u daaraan? In beginsel weinig, want het is en blijft de openbare weg. Iedereen mag daar dus gewoon parkeren. Toch staat u niet machteloos. In de meeste gemeenten is in de algemene politieverordening vastgelegd dat caravans en andere recreatievoertuigen – waaronder aanhangwagens – niet te lang op de openbare weg mogen blijven staan. Nou doet de gemeente daar meestal uit zichzelf niks aan. Want regeltjes maken is leuk, maar handhaven een stuk minder. Vooral als het geen geld oplevert. Toch zullen ze wel moeten, als u blijft klagen. En als de overtreder dan niet wil luisteren, gaat de politie 'schrijven'. Het spreekt echter voor zich dat dit niet bevorderlijk is voor de burenvrede. Buurman krijgt de pest aan u, ook al heeft u gelijk. Aan u de keus, dus.

Uiterst vermoeiend

Buurman vindt u vast ook niet aardig meer als u het op uw beurt waagt om zijn als privé ervaren parkeerplaats te bezetten. Hij zal dat moeilijk kunnen verkroppen. Misschien komt hij niet gelijk naar buiten stormen, maar als u wegrijdt, zet hij wel onmiddellijk zijn wagen op de vrijgekomen plaats. Ik heb meegemaakt dat een AOW'er speciaal zijn bed voor uitkwam als de buurman 's morgens om zes uur naar zijn werk ging. Sommigen hebben er een dagtaak aan 'hun' plekje vrij te houden. Het gelukkige bezit van meerdere auto's wil daarbij wel helpen. Dan pakt men het zo aan: als de een wegrijdt, zet de ander snel de tweede auto een stukje naar voren, waardoor die ook het vrijgekomen plekje bezet. Komt de eerste auto thuis, wordt dat plekje weer vrijgemaakt. Uiterst vermoeiend, maar wel effectief.

Klemgezet

Wanneer de hiervoor beschreven methode om welke reden dan ook niet uitvoerbaar is, of als u hardleers blijkt, gaat men openlijk de confrontatie aan. Dan wordt uw 'foutgeparkeerde' auto brutaalweg klemgezet. De buurman zet zijn auto zo dicht tegen de uwe dat u onmogelijk nog normaal kunt uitparkeren. Maar daarmee neemt de aanvaller wel grote risico's. Want een dergelijke handelwijze wordt al snel als ontoelaatbare agressie ervaren. Menigeen kan zich in zo'n situatie niet beheersen. En dan loopt het gierend uit de hand. Een huissleutel maakt gemene krassen en een band is zomaar lekgestoken. Of de klemgezette automobilist weet zich, gas op de plank, ten koste van enige plaatschade alsnog te bevrijden. Daarbij wordt de auto die hem de uitweg belemmert een metertje of wat 'opgeduwd'. En als ze aan uw auto zitten, komen ze aan u, dus tien tegen een dat een dergelijke krachttoer eindigt in een ernstig handgemeen.

Een kwestie van autovredebreuk

Ik begrijp het best. De eigen auto ligt altijd wat gevoelig, we zien hem toch een beetje als deel van onze woning. Een kamer buitenshuis, als het ware, waarin we ons bijna thuis wanen. Sommige mensen zien zelfs kans in de auto hun nageslacht te verwekken. Elke inbreuk op die privéruimte wordt daarom als tamelijk persoonlijk ervaren. 'Een kwestie van autovredebreuk,' sprak ik ooit tegen een verdachte die bij een verkeersruzie het portier van zijn opponent had opengerukt om hem een paar klappen te verkopen. In elk geval zijn we in de regel nogal zuinig op ons blik, vooral als het nieuw is. Of net gewassen. Waar het op neerkomt is dat onze heilige koe door eenieder moet worden ontzien, ook al staat hij op gemeentegrond.

De gemeente is geen fijne buurman

Houdt men het waar het de parkeerplekken betreft

gezellig met de buren, kunnen anderen nog roet in het eten gooien. Ik kom hier te spreken over door derden veroorzaakte parkeeroverlast. Mensen die niets bij u in de straat te zoeken hebben, maar hun auto daar toch permanent parkeren. Dat heeft meestal te maken met het gemeentelijk parkeerbeleid. Wat dat beleid inhoudt, is meestal onduidelijk, behalve dat men flink verdient aan betaald parkeren. Hele wijken worden op die manier uitgemolken, zonder dat er een parkeerplek bij komt. Met als resultaat dat menigeen zijn (tweede) auto een stukje verderop neerzet. In straten waar het nog gratis is. Daar zijn de bewoners van die straten natuurlijk niet blij mee. Als zij dan bij de gemeente gaan klagen, ontmoeten zij veel begrip. 'Wat vervelend voor u, dat gaan we piekfijn voor u oplossen.' En voor men het weet, is ook deze straat weer aangewezen als betaaldparkeergebied. Daar zijn de klagers mooi klaar mee, want opgelost wordt er zo natuurlijk niets, de door de gemeente veroorzaakte parkeeroverlast verplaatst zich alleen. Kassa! Ja, de gemeente is geen fijne buurman. En verhuizen helpt niet, want overal treft u weer een nieuwe gemeente.

Tot hier en niet verder!

Mensen overschrijden gemakkelijk de gestelde grenzen. De (gemeentelijke) overheid is geen haar beter. Zolang zij daarin maat weet te houden en niet gaat overdrijven, moet u dat als goede buur voor lief nemen. 'Heden gij, morgen ik', is dan de leus. Maar als het te gek wordt, moet uiteindelijk iemand de moed durven opbrengen om te zeggen: 'Tot hier en niet verder!' Sommige mensen nemen dat advies helaas iets te letterlijk. Zij gaan over tot het belemmeren van de vrije doorgang voor hun buren, die toch echt dachten dat zij recht van overpad hadden.

4

Van uit- en buurwegen

De doorgang versperd

Gewoon negeren, is een veelgehoord advies als de buren op ruzie uit zijn. Maar dat wordt wel erg moeilijk wanneer zij u daadwerkelijk de doorgang gaan beletten. Nu zal het weinig voorkomen dat men daardoor de eigen voordeur niet meer kan bereiken. Nee, in de praktijk gaat het vrijwel altijd om het zogenoemde achterom. Sinds jaar en dag kon u via een poortje of een 'gezamenlijk' pad de achterzijde van uw huis bereiken. Wel zo handig natuurlijk, vooral als u daar een fietsenschuurtje heeft. En dan moet u op een kwade dag plotseling ervaren dat buurman de doorgang heeft versperd. Bijvoorbeeld door het plaatsen van een stevig hekwerk.

Geen erfdienstbaarheid beschreven

Problematisch is dat buurman zich meestal terdege op de hoogte heeft gesteld van zijn rechten. Hij heeft vooraf het Kadaster geraadpleegd en ontdekt dat het ‘gezamenlijke’ pad helemaal niet van u beiden is, dat hij als enig eigenaar te boek staat en u er ‘dus’ niet meer langs hoeft te laten. Natuurlijk spoedt ook u zich hierop naar het Kadaster. ‘Dat kan toch niet waar zijn,’ hoor ik u denken. ‘Wij lopen hier al sinds mensenheugenis overheen. Heb ik dan geen recht van overpad?’ Dat laatste is heel goed mogelijk. Al was het maar omdat niemand ooit de moeite heeft genomen de bestaande situatie notarieel vast te laten leggen. Bij het Kadaster staat in dat geval geen ‘erfdienstbaarheid van overpad’ beschreven. En tot 1992, toen ons huidige Burgerlijk Wetboek van kracht werd, kon zo’n erfdienstbaarheid in beginsel ook niet door verjaring worden verkregen.

Geen poot om op te staan

Tja, daar zit u dan. Buurman heeft een juridische klap uitgedeeld waartegen eigenlijk geen verweer mogelijk is, tenzij u zich met grof geweld de geweigerde toegang verschaft. Maar dat is verboden en zal gemakkelijk leiden tot politioneel optreden. Dan zit u in de politieauto en heeft buurman dubbele pret. Nee, juridisch heeft u geen poot om op te staan. Maar is dat dan niet onredelijk?

Een redelijk belang?

In mijn praktijk als rechter heb ik dergelijke zaken meer dan eens voorgelegd gekregen. Daarbij ging het in de regel om situaties waarin de boze buurman het recht aan zijn zijde had: als eigenaar hoefde hij geen overpad te verlenen. Meestal werd die weigering grotendeels ingegeven door de wens om de buren dwars te zitten. Maar dat was op zichzelf niet voldoende om de wet opzij te zetten. Waar het in deze gevallen immers op aankomt, is de vraag of de grondeigenaar een redelijk belang heeft bij het handhaven van zijn rechten. Welnu, dat blijkt vrijwel altijd het geval, omdat het toelaten van vreemden per definitie enig ongerief met zich meebrengt. Dat men zulk ongerief voor lief neemt zolang de buren aardig zijn, betekent nog niet dat men dat moet blijven dulden als de buren minder in de smaak gaan vallen.

Vuilniscontainer

Ronduit triest zijn de gevallen waarin mensen met hun zware vuilniscontainer via de achtertuin van de buren naar de straat mogen lopen. Nadat er onenigheid is ontstaan, wordt dat steevast alsnog verboden. 'Flauw,' stel ik dan met de gedupeerden vast. Maar ook ik kan er niet omheen dat de grondeigenaar in zijn recht staat. De gedupeerde buurman moet voortaan met de vuilniscontainer door zijn woonkamer, wat de staat van het hoogpolig huiskamertapijt uiteraard niet ten goede komt.

Een vals lachje

Zoals altijd in het recht, zijn er grenzen. Het oogmerk om de buurman te pesten kan zo overheersen, dat de rechter ingrijpt. Ik denk aan het volgende geval. Iemand had ergens een 'vergeten' uithoekje land, waar hij nooit kwam, maar dat toevallig net voor het 'achterom' van de buurman was gelegen. Om vanuit zijn achtertuin de openbare weg te bereiken, moest laatstgenoemde nog slechts een enkele meter overbruggen. Met een klein aanloopje kon hij er als het ware overheen springen. Dat nu, wilde de grondeigenaar beletten. Hij gaf eerlijk toe dat hij dit enkel en alleen deed om buurman te treffen. Daarbij liet hij een vals lachje horen. Dat kon juridisch niet meer door de beugel, het onlangs geplaatste prikkeldraadhek moest weg.

Een geldelijke vergoeding

Maar dat was een uitzondering. Normaal gesproken dient u er rekening mee te houden dat u niet meer over buurmans grond mag, zodra u ruzie met hem krijgt. Tenzij u een formeel recht van overpad heeft weten te krijgen toen de relatie nog goed was. Dat verdient beslist aanbeveling. Een aardige buurman zal u daarin graag ter wille zijn, als u tenminste de notaris betaalt. Een geldelijke vergoeding wil ook wel helpen. Want u dient terdege te beseffen dat het ontbreken van een 'achterom' bij een taxatie van uw huis al snel zo'n tien- tot twintigduizend euro kan schelen.

Buurweg

Een waarschuwing is op zijn plaats voor diegenen die na een kort bezoekje aan het Kadaster tot de overtuiging zijn gekomen dat zij buurman het bestaande overpad veilig mogen ontzeggen. Er bestaat namelijk de mogelijkheid van een zogenoemde buurweg. Voor 1992 kon een gezamenlijk gebruikt pad of weg tot buurweg worden bestemd, zonder dat dit kadastraal beschreven hoefde te worden. Alle aanwonenden verkregen daardoor het recht van het pad of de weg gebruik te maken. Niet ter zake deed wie de eigenaar was. U moet daarbij bijvoorbeeld denken aan brandgangetjes die vanachter woonhuizen naar de openbare weg voerden. Maar ook andersoortige uitwegen en uitritten konden daartoe bestemd worden. Welnu, die oude buurwegen zijn na 1992 gewoon blijven bestaan, de grondeigenaar kan dat niet eigenmachtig ongedaan maken. Helaas is dat bij de meeste mensen onbekend. Waardoor het juridisch zomaar verkeerd kan gaan.

Weghalen dat hek!

Zo was daar de zaak van twee buren die ieder een garage hadden. De een moest een stukje over de uitrit van de ander om de openbare weg te bereiken. Daar had die ander nooit een probleem van gemaakt. Integendeel, hij had de 'gezamenlijke' uitrit samen met de buurman tot aan beider garages bestraat. Door het gebruik van een en dezelfde soort klinker was een strak resultaat behaald. Maar ja, de een werd werkeloos, terwijl de ander steeds mooiere auto's kon kopen. Dat zette kwaad bloed, ook bij de buurvrouwen. Van het een kwam het ander. Ten slotte kwam de eigenaar van de uitrit op het idee een hekje 'op zijn eigen grond' te plaatsen, waardoor de garage van de buren geheel onbereikbaar werd. Daarover oordelend liet ik weten dat dit niet door de beugel kon. De 'gezamenlijke' uitrit was als buurweg aan te merken, zodat deze niet mocht worden versperd. De grondeigenaar kon het niet geloven. Hij snapte er niets van. Dat hoefde ook niet, want mijn beslissing was duidelijk genoeg. Weghalen dat hek!

Hilarisch

Soms lost het slachtoffer van een dergelijke pesterij dit op een creatievere manier buitengerechtelijk op. Ik denk aan de buren die hun twee smalle opritten hadden samengevoegd, zodat een praktische, brede oprit was ontstaan. Via deze gezamenlijke oprit konden beiden gemakkelijk hun nieuwgebouwde garages bereiken. Toen ze ruzie kregen, kwam de ene buur terug op deze beslissing. Nadat het Kadaster was komen meten, plaatste hij precies op de erfscheiding een hekje. Zelf kon hij er nog net langs, dat had hij vooraf goed opgemeten. Maar de andere buur kwam een paar centimeter tekort. De oplossing die laatstgenoemde daarvoor bedacht, mag gerust hilarisch worden genoemd. Hij verkocht zijn brede gezinsauto en kwam daags daarna met een Japans minibusje op de proppen. Daar pasten hijzelf, zijn lieftallige echtgenote, de kinderen en zelfs de hond keurig in. Maar het mooiste was dat het busje smal genoeg was om erlangs te kunnen. Het zag er niet uit, maar grappig was het zeker. Vrolijk toeterend kwam hij dagelijks de oprit afrijden. De buurt kon de grap wel waarderen, maar buurman keek tandenknarsend toe. Hij had niet alleen verloren, maar stond ook nog eens voor gek.

Met de billen bloot

Tja, wie niet voor gek wil staan, kan zich beter inhouden. Het recht is er immers niet voor de wraakgierigen. Wie als buur een te grote broek aantrekt, moet er rekening mee houden dat hij met de billen bloot moet. Een al te grote mond kan tegen u worden gebruikt. Soms zelfs letterlijk, als u te veel lawaai maakt. Schreeuwlelijken en herrieschoppers krijgen immers al snel de politie op bezoek.

5

Herrieschoppers

Stopt u de oren maar dicht

Wie kent ze niet, mensen die altijd en overal lawaai maken. Ze praten luid, stommelen voortdurend, zagen en timmeren tot in de nachtelijke uren en hebben de televisie altijd op volle geluidssterkte. Tenzij u zelf ook zo'n herriemaker bent, is dat geen pretje. Maar ja, klagen is ook weer zowat. Dus stopt u de oren maar dicht, als het te erg wordt.

Bonken tegen de muur

Geluidshinder is van alle tijden. Vroeger was het veel erger dan nu, de mensen leefden toen veel dichter op elkaar. In elk geval waren de gezinnen een stuk groter en de huizen een stuk gehoriger dan tegenwoordig. De buren leefden letterlijk met u mee. Echtelijke ruzies, familiefeestjes en slaapkamerplezier: de buren konden ervan meegenieten. Niemand zat daarmee, want niemand wist beter. Bovendien hadden buren in de regel hetzelfde levensritme. Men stond ongeveer tegelijk op, waarop de mannen naar hun werk gingen en de vrouwen zich op de was stortten. Om vier uur kwamen de kinderen uit school, om zes uur zat iedereen aan tafel en om elf uur lag de hele buurt onder de wol. Als de mensen dus al herrie maakten, deden ze dat min of meer tegelijkertijd, waardoor dit niet als overlast werd ervaren. Hoogstens liep het ergens een keertje uit de hand, waarna enig bonken tegen de muur voldoende was om de rust te herstellen.

Tot diep in de nacht harde muziek

Vandaag de dag is van die gelijksoortigheid weinig over. De diversiteit in de buurten is enorm toegenomen. Noeste werkers en uitkeringstrekkers, autochtonen en allochtonen, jong, oud en nog ouder: het woont allemaal door elkaar heen. Al die verscheidenheid vindt men terug in de manier van leven. Neem bijvoorbeeld het dag- en nachtritme. Als u zich 's ochtends om zes uur naar uw werk spoedt om de kost te verdienen voor vrouw en kinderen, draait uw uitkeringsgerechtigde buurman zich nog eens lekker om. Maar als u vroeg op moet staan, moet u ook op tijd naar bed. En dat is moeilijk als uw van de arbeid vrijgestelde buurman tot diep in de nacht harde muziek draait. Of als de kinderen van uw allochtone buren tot na elven buiten krijgertje spelen op de flatgalerij, pal onder uw slaapkamerraam. Omgekeerd ergert de gepensioneerde zich misschien weer aan het geluid van uw dieselauto, als die op een vroege wintermorgen een halfuurtje warmdraait, terwijl u aan het ontbijt zit.

Kleine ergernissen

Het gaat hier om kleine ergernissen die door betrokkenen soms als bijzonder hinderlijk worden ervaren. Maar het kan veel erger. Dan kom ik te spreken over de uitwassen, over mensen die wel heel erg ver gaan in hun geluidsproductie. De situatie kan dan onhoudbaar worden.

De geur van hasj

De wijkagent kent zijn pappenheimers. Zoals die kinderrijke familie die wel erg veel aanloop had van jong bezoek. Vader en moeder vonden dat heel gezellig, hun huis zat elke avond vol. Het was een komen en gaan van knetterende bromfietsen en overal stonden verkeerd geparkeerde, stokoude auto's. De jeugd hing ook veel buiten rond, vooral als het mooi weer was. En altijd waren er feestjes, met keiharde muziek, alcoholmisbruik en de onmiskenbare geur van hasj. De jeugd had eigenlijk de buurt overgenomen. Wie er wat van zei, kon een steen door de ruit verwachten. Omdat het om een huurwoning ging, kon deze familie gelukkig worden verwijderd. Want een woningbouwvereniging heeft de plicht om ook de buren huurgenot te garanderen.

Op kousenvoeten

Omgekeerd kan een vervelende zeurpiet de sfeer eveneens verpesten. Zoals de man die de hele dag op kousenvoeten door het huis liep, fluisterend converseerde met zijn vrouw en van zijn buren absolute rust verwachtte. Nou, daarin werd hij voortdurend teleurgesteld, waarvoor hij op indringende wijze aandacht vroeg bij de gerechtelijke instanties. Hij maakte iedereen gek met zijn klachten. Gelukkig gooide zijn rechtsbijstandverzekeraar hem op een gegeven moment uit de verzekering, waarna geen rechtszaken meer werden aangespannen.

U mag 's nachts gewoon het toilet doortrekken

Wat mag u dan wel van uw buren verwachten? Die vraag valt niet in zijn algemeenheid te beantwoorden. Zo hield ik klagende buren eens het volgende voor: 'U hebt de geluiden te accepteren die in een normaal huisgezin worden voortgebracht. De buren mogen dus met elkaar praten en lachen, ook al kunt u dat horen. Verder mogen hun kinderen overdag gerust met elkaar spelen, zelfs al maken ze daarbij wel eens wat lawaai. De radio en de televisie mogen op de gebruikelijke sterkte en 's nachts mag buurman gewoon het toilet doortrekken, ook al wordt u daar misschien wakker van.' Een beetje rekening met elkaar houden is voldoende, zeker als het om gehorige woningen gaat, maar er mag geleefd worden. De buren hebben geen recht op absolute stilte.

Op en neer springen in de huiskamer

Moeilijker wordt het als u binnen de eigen woning buitenissige activiteiten ontwikkelt. Dan dient u goed te beseffen dat dit misschien overlast veroorzaakt, die met een kleine ingreep misschien heel gemakkelijk te voorkomen valt. Ik denk daarbij bijvoorbeeld aan de man die er een gewoonte van maakte elke avond een uur op en neer te springen in de huiskamer. Desgevraagd liet hij weten aan zijn conditie te werken. Maar bij de onderburen stond het glasservies te rinkelen. Een stevige matras op de grond deed wonderen. Of ik denk aan de muziekliefhebber die de hele dag zat te pingelen op zijn piano. Een klassiek geval van geluidsoverlast, dat vroeger meestal werd opgelost door betrokkene een maximumspeeltijd op te leggen. Tegenwoordig biedt de elektrische piano meer soelaas, die kun je ook bespelen met een koptelefoon op. Dat het geluid daarvan niet goed zou klinken is onzin, als het puur om het oefenen gaat. Die ene keer in de maand dat men een serieus huisconcert geeft, kan men alsnog gebruik maken van een akoestische piano.

Zagen en kloppen

Wat mij brengt op het onderwerp verbouwingen. Wanneer de buren gaan verbouwen, maakt dat in de regel een hoop lawaai. Dat kan een tijdlang doorgaan, maar als het goed is, komt er eens een einde aan. In de tussentijd heeft u dat maar te accepteren, al moeten de klussers er vroeg in de avond wel mee stoppen. Ook zij moeten begrijpen dat het niet aangaat tot in de late uurtjes door te zagen en te kloppen. Ondanks de steeds verder voortschrijdende ontkerkelijking, geldt dat ook voor de zondag. Mensen die op dit gebied hun grenzen niet kennen en maar door blijven boren, krijgen soms al ruzie met de buren voordat ze hun nieuwe huis hebben betrokken. Eeuwig zonde, want dat komt meestal nooit meer goed.

Kleine schades

Een bijzonder gevaar is gelegen in al dan niet kleine schades die bij een verbouwing worden toegebracht aan de aangrenzende percelen. Zo boorde een bouwvakker eens dwars door de badkamermuur heen. Hij kwam uit in de badkamer van de buren, waar de buurvrouw net onder de douche stond. Behalve de schrik veroorzaakte hij een boel schade, dat snapt een kind. Dus was het zaak de schade onmiddellijk te herstellen. Maar de verbouwende buurman vond het voldoende dat hij de schade aan zijn verzekeraar had doorgegeven, verder moest buurvrouw het maar uitzoeken. Nou, dat werd beslist niet begrepen.

Een permanente bouwplaats

Een verhaal apart zijn de zogenaamde beroeps- en gewoonteklussers. Ze zijn altijd bezig in en rondom hun woning, die in een permanente bouwplaats is herschapen. Je zal er maar naast wonen, nooit is het een keer echt klaar. Waarbij natuurlijk een grote rol speelt dat meneer het allemaal zelf wil doen, in zijn vrije tijd, wanneer het hem uitkomt. Al die tijd zitten de buren in de herrie en in de troep. Juridisch een zeer moeilijke situatie. Want kan men de buurman het recht ontzeggen te verbouwen? Nee natuurlijk. Maar er zijn wel grenzen. Als rechter verplichtte ik een man ooit een al jaren durende verbouwing binnen drie maanden te voltooien, waarbij hij de bouwplaats ook moest opruimen, alles op straffe van een pittige dwangsom. Dat hielp, want zulke klussers vallen door de bank genomen over een dubbeltje.

Leef en laat leven!

Zo zijn er nog wel meer luidruchtige activiteiten – al dan niet in de hobbysfeer – te bedenken, die de maatschappelijke betamelijkheid te buiten gaan. Maar ook hier geldt vaak toch weer het adagium: leef en laat leven. Een beetje overlast moeten we van elkaar accepteren. Dus als het feestje bij u naast eens wat langer doorgaat, bel dan niet gelijk de politie. Tip: bel aan en doe gezellig mee. Misschien heeft de buurvrouw net de frituurpan aangezet voor het bereiden van de snacks. Lekker toch?! Tenzij u het daar vindt stinken, natuurlijk, want sommige buren verspreiden nu eenmaal nare luchtjes.

6

Nare luchtjes

De geuren van de Indische keuken

In Den Haag, 'de weduwe van Indië', heb ik een groot deel van mijn jeugd doorgebracht. De geuren van de Indische keuken zijn mij daarom niet onbekend. Niet iedereen was daar toen van gecharmeerd. Toegegeven, het bakken van trassi kon in het trappenhuis behoorlijk penetrant geuren. Maar vies? Naar hedendaagse maatstaven sterk overdreven, zou ik menen. Maar men moet wel bedenken dat men in die tijd weinig gewend was. Knoflook was nog volstrekt onbekend. Van paprika's had niemand ooit gehoord.

Dagelijks schone sokken

Dat was overigens wel de tijd dat men slechts eenmaal per week in bad ging, bij welke feestelijke gebeurtenis tevens van onderbroek werd gewisseld. Heren werden niet verondersteld een deodorant te gebruiken, dagelijks schone sokken vond men overbodig. Nee, er werd wat afgestonken in die tijd. Niemand nam daar aanstoot aan, want de mensen wisten niet beter. Tegenwoordig leven de meeste mensen een stuk frisser en geven buitenlandse eetgewoontes nauwelijks nog aanleiding tot klachten. Als de buren dan toch gaan bellen over nare luchtjes, moet er wel wat bijzonders aan de hand zijn.

Chemische luchten

Zo behandelde ik eens een zaak over vreemde 'chemische luchten' die werden voortgebracht in het huis van de heer Bemelmans. Hij handelde in allerhande industriële vloeistoffen die hij in en rondom zijn woning in jerrycans bewaarde. Toen ik ging ruiken, moest ik erkennen dat het gewoon stonk. En die lucht trok ook bij de buren, de familie Stramproy, naar binnen. Zij klaagden dus terecht. Waar zij echter geen rekening mee hadden gehouden, was de tegeneis van Bemelmans. Die ergerde zich namelijk al jaren aan het stinkende kippenhok van de familie Stramproy. Ook die klacht bleek terecht, beide klagers stonken evenveel. Nadat beide bronnen van stankoverlast waren verwijderd, bleek de lucht pas goed geklaard.

Een rookbom

Minder eenvoudig is het wanneer de een niks ruikt, terwijl de ander onwel wordt van de stank. Meestal gaat het dan om mensen met overgevoelige luchtwegen. Sigarettenrook is voor hen funest. Zoals in die zaak van mevrouw Van den Bergh, die aan chronische bronchitis leed. Zij had last van sigarettenrook die door de muur heen zou dringen. Boosdoener was buurman De Vries, een gepassioneerde kettingroker. Eerst dachten we dat mevrouw Van den Bergh ze niet allemaal op een rijtje had. Door de muur heen, dat kon toch niet? Wel dus. Dat kwam als volgt aan het licht: in het huis van De Vries werd een rookbom tot ontploffing gebracht, terwijl in het huis van Van den Bergh – met gebruikmaking van een grote ventilator – een kunstmatige onderdruk werd gerealiseerd. Wat bleek? Ergens zat een scheurtje in de tussenmuur, waar de rook doorheen sijpelde. Toen was het probleem zo verholpen. Beetje kit erin gespoten en De Vries kon er weer eentje opsteken.

Open haarden

Moeilijker ligt het bij open haarden. Als de gelukkige bezitters deze op een mistige vrijdagavond massaal ontsteken, moeten de buren de ramen sluiten. Nou is dat niks vergeleken met vroeger, toen de mensen nog op eierkolen stookten, maar daar schiet een astmalijder niets mee op. Neem mevrouw Tichelaar, die van al haar buren eiste dat die hun open haard niet meer zouden gebruiken. Tja, zo werkt dat niet. Hoogstens mocht zij van de buren verlangen dat die het stoken op windstille, mistige avonden achterwege lieten. Maar een algeheel stookverbod zat er niet in.

Bij nieuwbouwprojecten kan de gemeente het stoken van open haarden wel tegengaan, bijvoorbeeld via de bouwverordening. In veel nieuwbouwwijken mag dan ook geen open haard meer worden gebruikt.

Tussen de oren

Hiervoor hadden wij het over reële ongemakken. Juist bij klachten over nare luchtjes komt het helaas nogal eens voor dat deze niet objectief zijn vast te stellen. Niemand ruikt wat, zogezegd, behalve de klager. Uiteindelijk moet men dan concluderen dat het 'tussen de oren' zit. Zoals bij die lieve mensen in Zeeland, die echt gebukt gingen onder de 'zeepluchten' die van de buren zouden komen. Nou, we hebben beide woningen compleet overhoop gehaald, behang afgetrokken en vloeren opengebroken, maar niets geroken. Opvallend was wel dat de klagende buren tijdens ons bezoek ook zelf niets roken. Maar we hadden onze hielen nog niet gelicht of de telefoon ging al. 'We ruiken het nu weer heel erg!' Deze mensen waren niet te helpen.

Bloederige biefstukken

Wel te ruiken zijn de barbecues die op zomerse avonden overal staan te roken. Terwijl vader een aantal bloederige biefstukken aan het verbranden is, drinkt moeder gezellig een rosé. En de buren genieten mee. Eerst van de penetrante geur van gebruikte aanmaakblokjes, daarna van het spetterend braadfestijn zelf. Een verstandig mens gunt zijn buren dit verzetje. Ja, gooit ook zelf een speklapje op de grill. Maar vervelend wordt het als de buren elke avond aan het barbecuen slaan. Verboden is dit niet, want het gemeentelijk verbod op het maken van 'open vuren' binnen de bebouwde kom kent een uitzondering voor 'kooktoestellen en dergelijke'.

Maar het kan toch niet de bedoeling zijn dat u geen avond meer in de tuin kunt zitten, zonder mee te hoeven geuren met de buren, hoor ik u denken. Er is mij een geval bekend van een gedupeerde die het buitengebraad op een gegeven moment zat was en vanaf zijn balkon een emmer water uitstortte over de naburige barbecue. Dat mocht natuurlijk niet, maar begrijpelijk was het wel. Helaas had de gedupeerde barbecuer al de nodige alcoholische versnaperingen gebruikt en kwam hij het balkon van zijn buurman opklimmen om verhaal te halen. De politie had grote moeite om de vechtenden te scheiden.

Bruine bonen met spek

Ook te ruiken waren de bruine bonen met spek die gebakken werden door de familie Oldenhove. Zij bewoonden een idyllisch huisje op het Twentse platteland. Helaas voor hen betrof het wel een zogenoemde twee-onder-een-kap. Nadat de uit Rotterdam afkomstige mevrouw Flothuis naast hen was komen wonen, ging het mis. Laatstgenoemde leefde strikt vegetarisch en ging naar eigen zeggen 'zowat over haar nek' van de door de familie Oldenhove geproduceerde kookluchten. Ze rook ze overal, zelfs in haar slaapkamer. Maar ja, ik kon de Oldenhoves toch moeilijk verbieden om bruine bonen met spek te bereiden. Bovendien deden zij dat natuurlijk niet dagelijks. Op zondag gingen bijvoorbeeld sudderlapjes in de pan en woensdag was gehaktdag. Ook die dagen waren een beproeving voor mevrouw Flothuis. Wij konden haar niet tevredenstellen.

Een hoop mest op de oprit

Menigeen droomt van het onbedorven platteland, waar de mensen nog simpelweg gelukkig zijn. Sommigen maken die droom waar. Bijvoorbeeld door mee te dingen naar de hand van een vrouwloze boer of door een schattig daglonershuisje te betrekken in de provincie. Helaas is het daar ook niet altijd rozengeur en maneschijn. De boer naast u rijdt wel erg veel heen en weer met de gierwagen. En wat is precies de bedoeling van die nieuwe megastal? Komen daar mestvarkens? Dat is pas stinken. Dus wat doet u als assertieve randstedeling? Precies, u dient een bezwaarschrift in tegen de nieuwe stal. Dat deed ook het echtpaar Kolping, waarna hun een tamelijk kille bejegening in het dorp te beurt viel. Toen zij op een avond thuiskwamen, troffen zij een hoop mest aan op de oprit. Hun droom van een onbekommerd buitenleven viel daarmee definitief in duigen.

Openbaar toilet

Terug naar de Randstad dus. Bijvoorbeeld naar een flatgebouw in de socialehuursector. Heeft u daar weleens gebruik gemaakt van de lift? Dikke kans dat die naar urine rook. Want veel mensen vinden het heel normaal daar hun behoefte te doen. Ook de bergruimtes onder in de flat blijken daartoe heel geschikt. De verhuurder doet hopelijk wat hij kan, want dit hoeft u als huurder niet te accepteren. Maar er zijn plekken waar de verhuurder het blijkbaar heeft opgegeven. 'Dat moeten de buren met elkaar oplossen,' klinkt het dan hypocriet. Alsof die hun buren voor het kiezen hebben. Ik ben in zo'n geval ooit akkoord gegaan met een door de huurder afgedwongen huurverlaging. Want een als openbaar toilet in gebruik zijnde toegangshal en lift zijn aan te merken als een 'gebrek' in het gehuurde.

Iets anders is dat de verhuurder die wel schoonmaakt, de kosten daarvan als servicekosten mag verrekenen met alle huurders. Iedereen moet dan dus meebetalen voor de viespeuken. Dat wordt dan weer als zeer onrechtvaardig ervaren, bleek onlangs maar weer in een Rijdende Rechterzaak. Maar ja, de wet is duidelijk op dit punt. De goeden moeten onder de kwaden lijden, ook als het om de servicekosten gaat.

Afzuigkap

Nare luchtjes, soms moet u ermee leren leven. Als ze in werkelijkheid al bestaan, natuurlijk. In elk geval probeert u het binnenshuis lekker fris te houden. De aanschaf van een afzuigkap doet wonderen. Maar bedenk wel wat u aanricht als u de 'uitlaatklep' naar de buren richt. Die ervaren uw inkomende kookluchtjes als een aantasting van hun privacy. Deze privacy is ook in het geding als nieuwsgierige buren naar binnen gaan gluren. Weliswaar kun je dat niet ruiken, maar onaangenaam is het wel.

7

Gluurders

De gordijnen open

Tot verbazing van buitenlandse bezoekers laten veel Nederlandse huisgezinnen 's avonds de gordijnen open. Voorbijgangers kunnen daardoor onbelemmerd naar binnen kijken. Kennelijk maken de bewoners zich geen zorgen om hun privacy. Of ze hebben niets te verbergen, zou men denken. Maar als u dan onbewust een blik naar binnen werpt, bekruipt u toch een gevoel van gêne. Vooral als de bewoners naar u zwaaien. Toch maar ergens anders naar kijken, denkt u.

Bij de mensen naar binnen loeren

Maar niet iedereen kan dat opbrengen. Sterker nog, sommigen zoeken het juist op. Zo was daar jaren geleden die ongelukkige officier van justitie die er een gewoonte van maakte 's avonds laat vanuit achtertuinen bij mensen naar binnen te loeren. Hij deed dit niet ambtshalve. Er was sprake van onbegrijpelijke zielenroerselen, waarvoor hij als mens zwaar moest boeten.

Als het bovenstukje uitging

Wanneer buren elkaar gaan begluren, zal dit licht aanleiding geven tot protesten. Soms zijn die protesten terecht. Bijvoorbeeld in het geval van een buurman die zijn ogen niet kon afhouden van de buurvrouw als zij zich zonnebadend in de tuin te ruste legde. En als dan ook nog het bovenstukje uitging, was buurman helemaal niet meer te houden. Dan werd het hem lichamelijk te machtig. Meestal zat hij stiekem te loeren, om een hoekje, achter het slaapkamerraam. Om het nog beter te kunnen zien, zette hij op een dag een verrekijker in. Dat liep in de gaten. Buurvrouw kreeg hem in de smiezen en toen stond onze gluurder zelf te kijk. Die avond kwam de wettige echtgenoot van zijn lustobject luidkeels verhaal halen.

Een eng mannetje

Het kan nog erger. Zo was daar eens de buurman die zich pontificaal voor het raam opstelde, telkens als zijn buurvrouw in badpak naar buiten kwam. Hij bleef haar dan aanstaren. Verder deed hij niks. Geen schennispleger, derhalve. Buurvrouw voelde zich toch erg ongemakkelijk. Op de vraag of hij hier niet mee kon ophouden, liet de starende buurman weten dat hij de noodzaak daarvan niet inzag. 'Ik mag toch voor mijn eigen raam staan,' was zijn reactie. De politie vond dat ook. 'Een eng mannetje. Maar hier kunnen wij niets aan doen,' lieten zij weten. Dus zag buurvrouw voortaan maar af van het zonnebaden in de tuin.

Ziekelijk

Dergelijk gluurgedrag is zonder twijfel als ziekelijk aan te merken. Bij betrokkenen zit een steekje los, zoveel is zeker. Eigenlijk zijn het stakkers. Dat laatste gaat niet op voor de onverlaten die het gluren hebben ontdekt als probaat middel om de buren te sarren. Zoals die mensen die altijd op hun balkon gingen zitten als de buren bezoek in hun achtertuin ontvingen. Dat bleef natuurlijk niet onopgemerkt. Maar als daar wat van werd gezegd, gingen de balkonzitters schelden. 'Wij mogen hier best zitten,' klonk het dan. 'En als dat jullie niet bevalt, dan ga je maar naar binnen!' Nou, zodra hun slachtoffers dat dan maar deden, verlieten ze zelf ook onmiddellijk hun balkon. Het was gewoon pesten, niets anders.

Weelderige rondingen

Soms is het onduidelijk of er wordt gegluurd. Zit buurman nu steeds te loeren of beelden we ons maar wat in? Kijk, als buurman zijn dakgoot schoonmaakt, kan hij uiteraard vanaf het dakleer (ladder) in de tuinen van de aangrenzende woningen kijken. Dat zal hij gerust doen, al was het maar onbewust. Zeker als er beneden wat lekkers rondscharrelt. Dat is misschien niet erg wellevend, maar evenmin ongezond.

En je kunt moeilijk de heg tussen twee tuinen met de ogen dichtsnoeien omdat de buren in de tuin zitten. Maar wat nu te denken van de melkrijder die op zomerse dagen zijn truck liet warmdraaien, naast de heg waarachter zijn aantrekkelijke buurvrouw zich ophield. Vanaf de bestuurdersstoel had hij een riant uitzicht op haar weelderige rondingen. Maar tijdens de door mij georganiseerde hoorzitting ontkende hij dat het hem daarom te doen was. 'Ik moet die truck toch ergens opwarmen,' wist hij. 'Wanneer ik daar dan zit, dan kijk ik meestal naar de weg. Maar ja, als de buurvrouw vlak naast je ligt, dan dwaalt je blik wel eens wat af!' De toehoorders moesten hartelijk lachen. Niemand geloofde hem.

Eigen rechter spelen

Ach ja, de mensen vinden dit soort verhalen wel amusant. Zolang zij zelf niet het slachtoffer worden, dat spreekt. Want als dat wel het geval is, is de humor ver te zoeken. Dan verwacht men een onmiddellijk optreden van politie en justitie, voordat men het recht in eigen hand neemt. Dat laatste is een natuurlijke reactie, vooral als een 'eng mannetje' in de fout gaat. Menig buurtbewoner kan er wel 'begrip' voor opbrengen als zo iemand te grazen wordt genomen. Maar dat is niet de bedoeling, justitie heeft een hartgrondige hekel aan 'eigen rechters'.

Waanidee

Een verhaal apart vormen de mensen die alleen maar denken dat ze worden begluurd. Zo was er de mevrouw die leed onder het waanidee dat haar buurman haar bespiedde. Buurman ontkende dat bij hoog en laag, hetgeen voor het ingebeelde slachtoffer meer reden was hem te wantrouwen. 'Zie je wel, die gluiperd liegt er nog om ook!' Voor men het wist, zat de klaagster bij de politie om aangifte te doen. Deze nam de aangifte aanvankelijk serieus, waarmee een heuse 'zaak' was geboren. Toen de behandelend rechercheur er uiteindelijk achter kwam dat de aangifte het product was van een paranoïde geest, was het kwaad al geschied. De onterecht beschuldigde buurman voelde zich terecht in zijn eer en goede naam aangetast. Aanvankelijk kon hij de wijsheid nog opbrengen het maar door de vingers te zien. Het ging tenslotte om een patiënt. Maar toen mevrouw maar doorging, wat bij een dergelijk ziektebeeld helaas niet ongewoon is, werd hij het zat. Wat volgde was een onverkwikkelijke rechtszaak, met alleen maar verliezers.

Hersenschim

Maar het zijn niet alleen geesteszieken die gebukt gaan onder het waandenkbeeld dat de buren hen begluren. Deze hersenschim kan ook bij gezonde mensen verschijnen, in de loop van een al langer voortdurende burenruzie. Ik denk hier aan het trieste geval van de heer Venema, die ruzie had met buurman Smit. Na enige tijd vatte eerstgenoemde de verdenking op, of liever gezegd kreeg hij de 'wetenschap', dat ook andere buren over hem kletsten. Zag hij twee buren met elkaar praten, dan nam hij voetstoots aan dat het gesprek over hem ging. Dan riep hij naar zijn vrouw: 'Jaja, zie ze weer eens kletsen. Die hebben het over ons, ik zweer het je!' Dat liep uit de hand. Op een dag ging hij verhaal halen bij twee nietsvermoedende, vrolijk met elkaar pratende buurlieden die het gewoon over het weer hadden. En over hun volkstuin. 'Nou, die is gek!' was hun begrijpelijke reactie toen Venema zich uit de voeten maakte. Waarop steeds meer mensen hem gingen mijden en het hoofd afwendden, als hij voorbijkwam. Het einde van het liedje was dat Venema en zijn vrouw in een sociaal isolement terechtkwamen en ruzie kregen met de hele buurt. Verhuizen was de enig resterende optie.

Webcams

Een nieuwe ontwikkeling aan het gluurdersfront is de zogenoemde webcam. Of een ander klein cameraatje dat eenvoudig en onopvallend op de buren kan worden gericht. Soms is dat eigenlijk niet de bedoeling, zoals bij de eigenaar van die coffeeshop. Hij wilde alleen de toegang tot zijn drugswinkeltje bewaken, waarbij hij de deur van zijn buren noodgedwongen meenam. Die vonden dat niet zo leuk, omdat zij in de escortbranche werkzaam waren. De rechter verbood de camera wegens inbreuk op de privacy.

Spionagecamera's

Verboden zijn natuurlijk ook de spionagecameraatjes die sommige lieden door een gaatje in de muur op hun buren richten. Met name studentenhuizen blijken wat dat betreft populair. De daarin wonende jonge meiden worden digitaal beloerd wanneer zij zich douchen of omkleden. Waarna de beelden op internet te bewonderen zijn. Een onlangs tegen zo'n stiekeme cineast aanhangig gemaakte strafzaak strandde helaas op een vormfout, wat het vertrouwen in de rechtsstaat niet bevorderde. Het valt te hopen dat de slachtoffers het nog eens bij de civiele rechter gaan proberen. Die valt niet over een vormfoutje en maakt korte metten met zulk onrechtmatig handelen. Betalen aan het slachtoffer dus, wat in de regel een stuk harder aankomt dan een taakstraf.

Alleen de vogeltjes mogen loeren

Gluren mag niet. De enige die onbelemmerd over de schutting mogen loeren, zijn de vogeltjes. Tenzij de kat van de buren ze te pakken neemt. Waarna ook uw hond er natuurlijk op afstuift. Waarmee we vanzelf terechtkomen bij de huisdieren, die onderwerp vormen van menig burenconflict.

8

Hondenvrienden en kattenvrouwtjes

Onvermijdelijke zeurpieten

Huisdieren vormen geregeld een al dan niet welkome aanleiding tot burenconflicten. De een vindt het heerlijk als er een dierenvriend naast hem komt wonen. De ander ergert zich al snel aan de overlast. Ook hier valt de grens tussen objectieve en subjectieve hinder vaak moeilijk te trekken. We kennen nu eenmaal de onvermijdelijke zeurpieten, maar ook de volkomen terechte klachten. En alles daartussenin.

Blaffen mag

Zo heeft men het maar te accepteren als de nieuwe buren een hond blijken te hebben. Die hoeft bovendien niet de hele dag muisstil in zijn mandje te blijven liggen. Nee hoor, hij mag gerust in de tuin spelen. En blaffen mag hij ook, zij het met mate. Als u dat niet kunt hebben, ligt dat echt aan u. U hebt nu eenmaal geen recht op absolute stilte. Vervelend wordt het wel als de buren een keffertje in huis nemen. We weten allemaal dat zo'n beestje een hoop herrie kan maken. De bel, de postbode, op alles slaat hij aan. Mag dat? Ja, dat mag. Dus ging die meneer in Vlissingen beslist te ver toen hij met overslaande stem dreigde 'dat mormel van de buren de nek om te draaien'. Zoiets denken staat weliswaar vrij, maar daar moet het bij blijven.

Drie, vier honden, het kan niet op

Maar sommige hondenhouders weten geen maat te houden. Drie, vier honden, het kan niet op. Als die vervolgens in de tuin hun behoefte gaan doen omdat het baasje tijd noch zin heeft ze uit te laten, gaat het vreselijk stinken. Om van de vliegen nog maar te zwijgen. Je zult er maar naast wonen. Daarbij blijft het meestal niet, dit type baasje heeft ook geregeld de vervelende gewoonte om zijn honden aan hun lot over te laten. Hij is voortdurend de hort op, terwijl zijn honden jankend en huilend in huis, in de tuin, ja zelfs op het balkon achter moeten blijven. Dan zit er weinig anders op dan de politie bellen. Want behalve hinder, levert dergelijke overlast ook nog eens een strafbaar feit op. Het bij nacht en ontij maar door laten blaffen van een hond, wordt in de algemene politieverordening in de regel aangemerkt als een overtreding waarop een geldboete staat.

Ook de buurhonden waren aangeslagen
In de praktijk is het helaas nog wel eens moeilijk om de dader te achterhalen als er wordt geklaagd over hondengeblaf. Ik maakte dat eens mee in de praktijk. De politie moest 'op het oor' gaan zoeken naar de hond in kwestie. Dat werd moeilijk, want ook de buurhonden waren inmiddels 'aangeslagen'. Maar uiteindelijk hadden de agenten beet. Toen het baasje van de hinderhond thuiskwam, wees die onmiddellijk naar de buurhonden. 'Nee, dáár moet u zijn! Die van mij geeft geen kik!' Nee, natuurlijk niet, want het baasje was weer thuis. De verdachte lag tevreden in zijn mandje te slapen, uitgeput van alle geblaf.

Een 'heterdaadje'
Ontkennen had weinig zin, toen de politie op een heterdaadje stuitte. Dat kwam zo. Er lag al dagenlang een hond te janken in een flatwoning. Van het baasje was geen spoor. Ten einde raad verschafte de hondenbrigade zich toegang tot de woning, waar de blaffer werd aangetroffen. Het beest was volledig overstuur en moest tussen zijn eigen uitwerpselen liggen. Gelukkig stond er wel voldoende voer, maar vers water was niet voorhanden. Het arme dier werd onmiddellijk in beslag genomen. Toen de eigenaar na enige dagen thuiskwam en daar zijn hond niet meer aantrof, ontstak hij in grote woede. Met een aantal gespierde vrienden begaf onze 'dierenvriend' zich spoorslags

naar het politiebureau, om op luide toon de onmiddellijke teruggave van zijn lieveling te eisen. Tevergeefs, zoals u begrijpt, waarna het advocatenwerk werd. Vooralsnog konden de buren weer rustig slapen. Totdat bekend werd wie er had geklaagd.

Bij voorkeur in andermans tuin

Katten scoren ook hoog in de toptien van hedendaags burenleed. Niet zozeer vanwege hun aanwezigheid in de woning, als wel vanwege hun gedrag daarbuiten. Het is een feit van algemene bekendheid dat katten een eigen territorium hebben. Helaas vallen de grenzen daarvan zelden samen met die van hun eigenaren. Katten struinen nu eenmaal graag bij de buren rond. In elk geval laten zij zich weinig gelegen liggen aan hekjes, heggen en andere erfafscheidingen. En ja, veel buren ergeren zich daar een ongeluk aan. Vooral omdat katten bij voorkeur in andermans tuin hun behoefte doen, waarbij ze graag tussen de bloemen graven.

Altijd sneller dan de buurman

Wat kan men daaraan doen? Weinig, vrees ik. Tenzij men voortdurend op de loer gaat liggen om het beest weg te jagen, al dan niet met een emmer water. Want katten doodslaan is echt verboden. Katten die in goede conditie zijn, hebben daarvan overigens weinig te vrezen. Die zijn altijd sneller dan de buurman. Het enige wat echt helpt, is zelf een kat nemen. Die jaagt de buurkat onverbiddelijk over het hek. Een hond kan ook, maar die is langzamer.

Ontsnappen via het dakraam

Steeds vaker wordt de vraag gesteld of men de buren niet kan verplichten hun kat in de eigen tuin te houden. Want in een steeds meer gejuridiseerde samenleving als de onze, kan het toch niet waar zijn dat men maar moet leven met andermans kat? Tja, wat zal ik daarvan zeggen? Men kan natuurlijk veel van de buren eisen, maar niet dat ze de natuur naar hun hand zetten. Elke dierenarts kan u vertellen dat het onmogelijk is een kat binnen te houden, die eenmaal aan de vrijheid heeft geroken. Als het moet, ontsnappen ze via het dakraam. En een buitenkat valt echt niet zo te trainen dat hij voortaan in de eigen tuin blijft. Als u dus eist dat zo'n kat uit uw tuin blijft, eist u het onmogelijke. Tenzij buurman de kat om die reden laat inslapen, waaraan geen enkele dierenarts zal meewerken.

Rode katers

Dat wil niet zeggen dat kattenhouders altijd vrijuit gaan. Als een vrij rondlopende kat erg veel hinder gaat veroorzaken, zal zijn eigenaar toch wat anders moeten bedenken. In dit verband zijn vooral rode katers berucht. Ik heb er zelf een gehad, dus ik kan erover meepraten. Die van mij had de onhebbelijke gewoonte overal in de buurt naar binnen te lopen, om daar een geurspoor uit te zetten. Toen ik op een mooie lentedag de buurvrouw om wraak hoorde roepen, begreep ik dan ook meteen wat er aan de hand was. 'Hij heeft net gepiest op mijn Perzisch tapijt,' riep ze overspannen uit. 'Weet u zeker dat het die van ons is?' probeerde ik nog. Maar helaas, daar kwam hij net de voordeur uithollen, achtervolgd door de buurman. 'Dit gaat zo niet langer,' stelde ik 's avonds aan tafel vast. De week daarop hebben we hem weggebracht, samen met onze twee huilende dochtertjes. 'Hij komt in een goed huis, met veel ruimte,' vergoelijkte ik de deportatie. Maar mijn kleine meisjes waren er niet gerust op. 'Jij hebt nooit van hem gehouden,' wist de jongste. Ik hoorde niemand het ontkennen.

Kattenvrouwtjes

Extreme overlast wordt veroorzaakt door de zogenaamde kattenvrouwtjes. U kent ze wel, die vrouwspersonen die er niet voor terugdeinzen tientallen katten in hun woning onderdak te bieden. Die katten planten zich daar onbekommerd voort, schreeuwen vooral 's nachts de hele boel bij elkaar en decimeren de vogelstand in de buurt. Omdat veel mensen zo veel 'dierenliefde' toch wel weer weten te waarderen, want waar zouden die arme katjes anders moeten blijven, laat men een dergelijk vrouwtje veelal toch nog lang ongemoeid. Tot het de spuigaten uitloopt. Dan hangen de buren bij de woningbouwvereniging aan de lijn. Of bij de politie. Uiteindelijk volgt dan een inval en worden de katten weggehaald, al dan niet samen met hun vrouwtje, om elders te worden opgenomen. Soms probeert men nog een tussenoplossing te bereiken. 'Nou mevrouw, u mag er drie houden. Zeg maar welke.' Die keus kan zo'n mensje helaas niet maken, dat is te veel gevraagd. Alle katten zijn haar even lief. Bovendien: als het aantal katten dan al wordt teruggebracht, is dat slechts voor een tijdje. De ervaring leert dat het binnen de kortste keren weer krioelt van de katten.

Diervriendelijk ingrijpen

Honden en katten zijn onze beste vrienden. Tenzij ze naast ons wonen, want dan gaat de liefde een stuk minder diep. Toch moeten we ze gedogen, net als onze menselijke buren. Totdat het te gek wordt, dan moet er diervriendelijk worden ingegrepen. Dat laatste zou men ook wel eens willen als het om de buurkinderen gaat, want ook die kunnen veel overlast veroorzaken. Zo eenvoudig ligt dat helaas niet.

9

Kindervreugd

Kinderen zijn hinderen

'Kinderen zijn hinderen,' wist vadertje Cats al. Wie zal hem tegenspreken? Kinderen kunnen nu eenmaal lastig zijn. 'Het liefste zijn ze als ze in hun bedje liggen te slapen,' zei mijn moeder altijd. Maar zodra ze wakker worden, begint het donderjagen. Toch houden we van ze, zolang het ons eigen kroost is. De kinderen van de buren mogen op een stuk minder liefde en begrip rekenen als ze vervelend zijn. En wanneer daarvan dan iets wordt gezegd…

De in beslag genomen bal

Klassiek is het geval van de voetballende jeugd. Telkens schoppen ze de bal in het tuintje van die aardige AOW'er. Diens net aangeplante viooltjes moeten het ontgelden. Dat kan de oude baas uiteindelijk niet meer aan. Als de bal onder luid gejuich voor de zoveelste keer over de heg vliegt, krijgen de jongens hem niet meer terug. Onder luide protesten neemt de tuineigenaar de bal mee naar binnen. Dat laten de jongens niet op zich zitten, ze beginnen de man te pesten. Hij heeft het zogezegd gedaan in de buurt. Zelfs als zijn vrouw de inbeslaggenomen bal toch maar heeft teruggegeven, duren de plagerijen voort. Zijn tuin is nu een bewust doelwit geworden.

Last van vrolijke kinderstemmetjes

Nu moet daarbij onmiddellijk worden aangetekend dat sommige mensen helemaal niets kunnen hebben van de jeugd rondom hen. U kent ze wel, die onverdraagzame mensen die nooit eens de zon in het water kunnen zien schijnen. Altijd hebben ze wat te klagen. Zelfs van vrolijke kinderstemmetjes hebben ze al last.

Zo klaagde een paar omwonenden in het midden van het land een aantal jaren geleden over geluidsoverlast veroorzaakt door de naburige kleuterschool. Als het aan hen lag, had de school een ontheffing moeten aanvragen in het kader van de Wet geluidhinder.

Ik zou menen dat men zich wel drie keer moet bedenken voordat men zich beklaagt over spelende kinderen voor de deur. Wie wil er immers doorgaan voor oude zeur?

Een vrije opvoeding

Maar ook hier zijn er grenzen die niet overschreden

mogen worden. Helaas betaalt de maatschappij heden ten dage de tol voor een steeds groter wordende groep jeugdigen die een zogenoemde vrije opvoeding hebben genoten. Wat zoveel wil zeggen als: betrokkenen hebben geen enkele opvoeding genoten en doen dus maar waar ze zin in hebben. Of ze hebben ouders die absoluut niet op hun opvoedkundige taak zijn berekend, waardoor hun kinderen voor galg en rad opgroeien. Dat dit pedagogische defect uitloopt op overlast en jeugdcriminaliteit behoeft geen betoog. En de lasten daarvan worden zoals vaker afgewenteld op de maatschappij. Op u dus. Wee uw gebeente als zo'n groep zich rondom uw woning gaat ophouden.

Een sportschooljongen wist raad

Zo sprak ik eens een mevrouw die in het trappenhuis van haar flat elke avond over 'blowende' jongeren heen moest stappen. Dat waren helemaal geen leuke jongens. Niets hielp. De wijkagent mocht niks, het buurtwerk kon niks en de jongens in kwestie wilden niks. Uiteindelijk wist een sportschooljongen die mevrouw in het uitgaansleven had ontmoet raad. Hij loste de zaak soepeltjes voor haar op, hij schopte het stel letterlijk de straat op. Voor hem hadden ze wel respect. Hun ouders waren verbijsterd en deden aangifte van geweldpleging. De wijkagent kwam later nog informeren naar de identiteit van de sportschooljongen.

Een beetje tactisch optreden

Maar goed, dat zijn uitwassen, behalve als u in een van die wijken die van regeringswege als 'prachtwijk' zijn aangewezen woonachtig bent. Terug naar de normale buurten dus, waar de jeugd nog aanspreekbaar is. Daar kunt u als buurman uw voordeel mee doen. Een beetje tactisch optreden bij mogelijke overlast doet soms wonderen. Vooral als de ouders van de betreffende pubers het eventjes laten afweten, komt het aan op uw eigen opvoedkundige capaciteiten.

Een lekker knikkerputje

Zo had ik zelf eens te maken met wel erg enthousiast knikkerende kinderen. Dat was geen knikkeren, wat ze deden, dat was eerder knikkergooien. De knikkers vlogen zogezegd op ooghoogte door onze tuin, wat niet zonder gevaar was voor onze gezondheid en die van onze ruiten. Wat te doen? Roepen dat ze ergens anders moeten gaan knikkeren? Ik vroeg ze waarom dit prachtige spel nu juist bij ons voor de deur werd gespeeld. Het antwoord bleek even simpel als begrijpelijk: 'Bij u ligt zo'n lekker knikkerputje, vlak bij de lantaarnpaal!' Daar kon ik niet omheen. De oplossing bleek na enig nadenken al even eenvoudig. Met een koevoet haalde ik een straatsteen uit de stoep, precies voor de deur van de ouders van de knikkerende jeugd. 'Kijk,' riep ik enthousiast. 'Dit is een nog veel mooier knikkerputje!' De kinderen reageerden opgetogen. Juichend hervatten zij hun spel, ditmaal voor hun eigen deur. Dat duurde overigens niet lang, want hun vader zag dat de lak van zijn auto gevaar liep. Opeens mocht er daar niet meer geknikkerd worden. Maar bij ons voor de deur kon ook niet meer, 'iemand' had het knikkerputje aldaar gevuld met snelbeton.

Kinderen houden u jong

Voetballen, knikkeren, het spelen van krijgertje en het krijten van de stoep. Wie zal zich daaraan storen, zolang het bij normaal spelen blijft? Nee, vooral als het om kleine kinderen gaat, mag u zich veeleer gelukkig prijzen. Want voor men het weet zijn al die kinderen de deur uit en blijft u achter in een vergrijzende buurt met verzurende buren. Kortom, kinderen houden u jong, ook als ze van de buren zijn.

Dansen en springen

Een verhaal apart vormen de feestjes die uw buurtkinderen gaan geven als zij bijna de volwassenheid hebben bereikt. Liefst als hun ouders even ergens anders zijn en dus niet kunnen ingrijpen. Uit onze eigen jeugd kunnen we ons nog herinneren dat dergelijke feestjes niet bepaald geluidsarm zijn. Nee, loeiharde muziek, van de soort dat volwassenen niet mooi vinden. En maar dansen en springen. Woont u daar onder, dan is het misschien beter om ook maar een nachtje in een hotel te boeken. Vervelend? Ach. Maar hier wilde ik het eigenlijk niet over hebben. Want zo'n feestje moet kunnen, op zijn tijd. Een probleem doet zich echter voor als zo'n feestje volledig uit de hand loopt. Dan kunnen de jeugdige organisatoren hun eigen gasten niet meer aan. Wat moet men dan doen als goedwillende buren? Een voorbeeld moge deze situatie verduidelijken.

In de badkamer opgesloten

Twee zussen organiseerden een eindexamenfuif. Ze hadden de hele klas uitgenodigd. Bier en wijn waren ruim voorradig. Een vriendje bracht twee flessen wodka mee, om te mixen. Tot een uur of twaalf ging alles goed. Iedereen had het erg naar zijn zin. De pret werd echter bedorven door jongens die helemaal niet bij de twee zussen op school zaten en dus ook niet waren uitgenodigd. Ze hadden zichzelf uitgenodigd, zogezegd. Nu wilden de zussen niet vervelend doen, dus mochten die jongens wel naar binnen. Dat liep volledig uit de hand. Een van die jongens werd stomdronken en ging knokken met een van de andere gasten. Iedereen bemoeide zich ermee, vechtend rolde het stel de straat op. Daar ging het van kwaad tot erger. Een andere jongen liep over autodaken en schopte een paar spiegels kapot. De twee zussen hadden zich in paniek in de badkamer opgesloten. Wat moesten de buren doen? Niemand wilde zich er aanvankelijk mee bemoeien. Gelukkig nam een van hen uiteindelijk toch zijn verantwoordelijkheid. De politie werd gebeld, waarna de ongeregeldheden snel werden beëindigd. De inderhaast opgetrommelde ouders vonden het helemaal niet erg dat buurman had ingegrepen.

Een handzame vuistregel

Eind goed al goed, zou men zeggen. In dit geval dan, want moeilijk is het zeker. Wanneer moet u nu ingrijpen en wanneer moet u stilzitten? Belt u te snel naar de politie, dan wordt u aangezien voor een vervelende buur die niets van zijn buurkinderen kan hebben. Belt u niet, dan krijgt u het verwijt dat u een asociale buur bent, die lijdzaam toekeek toen zijn buurkinderen in nood verkeerden. Misschien dat de volgende handzame vuistregel kan helpen.

'Als het alleen lawaai maakt, moet u niets doen. Gaat men elkaar te lijf of wordt er schade toegebracht, gaat u poolshoogte nemen en belt u zonodig de politie. Om ruzie te voorkomen moet u daarbij benadrukken dat de melding alleen is bedoeld om de buren te helpen, niet om over ze te klagen.'

Wat u dus niet moet doen, is de politie bellen met de mededeling 'dat het weer een bende is hiernaast'. Nee, uw melding moet zijn 'dat de buurkinderen het niet meer aankunnen en dringend behoefte hebben aan politiebijstand'. Hun ouders zullen u dankbaar zijn.

10

Een schitterend uitzicht

Mag dat zomaar?

Uw woongenot wordt niet in de laatste plaats bepaald door het uitzicht. Want laten we eerlijk zijn, u bent veel beter af als u uitkijkt op een mooi plantsoen, dan wanneer u het moet doen met het uitzicht op een troosteloze parkeerplaats. Tenzij u niets te kiezen heeft, gaat u naar ik mag aannemen voor het mooie uitzicht. En dan is het wel even slikken als dat uitzicht u wordt ontnomen. Bijvoorbeeld doordat er een bouwwerk voor uw raam wordt opgetrokken. Mag dat zomaar? In beginsel wel, tenzij u een zogenaamde erfdienstbaarheid van vrij uitzicht heeft verkregen. Hetgeen zelden of nooit het geval zal zijn. Uw vrije uitzicht blijkt dan dus weinig waard. Wat gevoelsmatig al snel als groot onrecht wordt ervaren.

Een kloeke uitbouw

Het komt geregeld voor dat mensen zich om die reden met hand en tand verzetten tegen de bouwplannen van hun buren. Zoals in het geval van de weduwe Strikwerda, die moest ervaren dat de naast haar wonende familie Van der Meer een kloeke uitbouw in de achtertuin wilde neerzetten. 'Welja!' riep de weduwe verongelijkt. 'Dat verpest mijn uitzicht op het bos. In de plaats daarvan mag ik zeker tegen een blinde muur aankijken. Dat wil ik niet!' Helaas, ze kon hoog of laag springen, die uitbouw kwam er toch.

Bezwaar maken tegen de bouwvergunning

Nu kunnen boze buren de bouw in een dergelijk geval toch een tijdlang traineren. Het is algemeen bekend dat men bezwaar kan maken tegen de afgifte van de noodzakelijke bouwvergunning. Van die bevoegdheid wordt helaas veelvuldig misbruik gemaakt. Men beoogt daarmee dan niets anders, dan het de buren onnodig moeilijk te maken. In de hoop dat die van de bouw afzien, dan wel dat zij alsnog tegemoet komen aan allerlei – al dan niet gerechtvaardigde – eisen.

Zo maakte ik eens mee dat een bezwaar makende buurman slechts bereid was zijn bezwaren tegen de voorgenomen bouw in te trekken als zijn buren akkoord gingen met een kwestieuze grenscorrectie. 'Of jullie verplaatsen het hek of ik blijf bezwaar maken,' liet hij weten. Uiteindelijk zwichtten zijn slachtoffers voor deze chantage, want de bouwkosten liepen door de vertraging enorm op.

Teruggepest

Verstandige mensen zullen daarom proberen om tot overeenstemming te komen met hun buren, voordat zij de bouwvergunning aanvragen. Ook al kunnen de buren dat niet afdwingen, toch is het raadzaam hun voor wat betreft het uitzicht zoveel mogelijk tegemoet te komen. Anders dreigt een vervelende burenruzie, waarvan de gevolgen niet altijd zijn te overzien. Uw gebrek aan medewerking wordt als pesten ervaren. Nou, en dan wordt er teruggepest.

De bouw wordt stilgelegd

Is de bouwvergunning eenmaal verkregen, dan kunt u bouwen. Terwijl buurman zich zit te verbijten, kan uw aannemer aan de slag. Maar reken maar dat buurman het nog niet heeft opgegeven. Als de aannemer ook maar een foutje maakt, zit uw kwelgeest bij de gemeente.

'Er wordt afgeweken van de bouwvoorschriften,' heet het dan. De ambtenaar van bouw- en woningtoezicht, ook niet lui, verschijnt onmiddellijk ter plaatste. En o wee als buurman gelijk heeft, dan wordt de bouw subiet stilgelegd. En de schade is voor uw rekening.

De advocaat ziet een gaatje

Ik kan me voorstellen dat u een zucht van verlichting slaakt als het bouwwerk er eenmaal staat. Als het hoogste punt is bereikt, kan de vlag in top en vloeit het pannenbier rijkelijk. Helaas, uw beproevingen zijn nog niet ten einde. Buurman, nog altijd verbolgen over zijn verloren gegaan uitzicht, heeft zich tot een advocaat gewend. 'Meester, ziet u misschien nog een gaatje?' klinkt het dan. Nou, daarvoor heeft zo'n jurist doorgeleerd, voor het zoeken van gaatjes, bedoel ik. Gaatjes zijn er soms inderdaad. En is dat maar goed ook.

Het hebben van een bouwvergunning betekent immers alleen dat u van de gemeente mag bouwen. Daarmee is echter nog niet gezegd dat die bouw ook jegens uw buurman geoorloofd is. Een dergelijk bouwwerk kan dusdanig veel hinder veroorzaken dat buurman zich om die reden alsnog kan verzetten. Hij mag geen recht op vrij uitzicht hebben, hij heeft wel ten minste recht op enige lichtinval en luchttoevoer.

Donker en vochtig

Ik denk hier aan de echtelieden Brouwer, die aan beide kanten van hun bescheiden woning nieuwe buren kregen. Die gingen beiden flink uitbouwen. Het resultaat was dat het tuintje van de Brouwers geen enkele zon meer ving. Het werd daar donker en vochtig. Ook binnen moesten voortaan de hele dag de lampen aan. De gemeente had daarmee bij het afgeven van de bouwvergunningen totaal geen rekening gehouden. Dat ging de rechter te ver, hij legde een bouwverbod op. Dat werd er dus niet gezelliger op in de buurt. De nieuwkomers namen het de echtelieden Brouwer bijzonder kwalijk dat die hun bouwplannen hadden verijdeld. Daarmee gingen ze er echter wel aan voorbij dat zij zich op hun beurt ook niets gelegen hadden laten liggen aan de belangen van de Brouwertjes. Waar iedereen alleen aan zichzelf denkt, moet men zich niet beklagen als de buren dat ook doen.

Vieze lappen

Uw mooie uitzicht loopt niet alleen gevaar als de buren gaan bouwen. Het is ook mogelijk dat uw buren dit uitzicht zomaar gaan verpesten. Om u dwars te zitten, waar ze dat kunnen. Daarover zijn bij de rechter al heel wat onverkwikkelijke ruzies uitgevochten. Wat bijvoorbeeld te denken van de man die op zijn land een rare stellage bouwde, met vieze lappen bekleed, pal voor de ramen van de buren. Dat verbood de rechter, omdat dit misbruik van recht was. 'Die lappen dienen nergens voor,' wist de rechter. 'O, maar in dat geval bedenk ik wel wat anders,' riep de kwelgeest. Hij bouwde een soort windmolen op dezelfde plek. Het resultaat was hetzelfde. Zijn buren zagen hun uitzicht nog steeds belemmerd en ook nu keurde de rechter het af. 'Want de molen is niet aangesloten, het is slechts een decorstuk.' Nog gaf de pestkop het niet op. Hij sloot de windmolen aan. Het ding werkte.

De rechter kon er nu niks meer aan doen. De windmolen diende immers enig nut. Dat de buren daardoor hun uitzicht verpest zagen, deed niet meer ter zake. Ik zou als rechter anders hebben beslist, nu het inmiddels voor iedereen volstrekt duidelijk was dat de moleneigenaar alleen maar wilde pesten. Het bleef misbruik van recht, volgens mij.

Andere wapens

Nu zullen we in de praktijk van alledag maar weinig figuren tegenkomen die zo veel geld kunnen uitgeven aan het dwarszitten van hun buren. Ik bedoel, wie kan dat nou betalen, zo'n windmolen? Maar dat betekent niet dat buren geen andere wapens weten te vinden die veel goedkoper zijn.

Zo kennen wij allemaal de grijze en groene vuilnisbakken, die men ergens in de tuin kwijt moet. Die zien er niet mooi uit. Verder wil vooral de groene bak 's zomers nog wel eens stinken. Het is dan ook menselijk dat we die vuilnisbakken het liefst achter in de tuin kwijt willen, waar wij ze zelf niet zien en ruiken. Dat ze dan in het zicht en de reuk van de buren komen te staan, is op zichzelf geen voldoende reden om dat te verbieden. Aardig is dat natuurlijk niet en een normaal mens probeert te voorkomen dat zijn vuilnisbakken overlast veroorzaken. Maar uiteindelijk blijft u in beginsel baas in eigen tuin.

Een onaangenaam riekende composthoop

Echt onaangenaam wordt het als mensen de buren hiermee gaan pesten. Dus de vuilnisbakken expres in het zicht zetten, terwijl ze evengoed ergens anders kunnen staan. Of een onaangenaam riekende composthoop opwerpen, vlak bij het terras van de buren. En wat te denken van het ongeremd opslaan van allerhande groot en klein afval in de voortuin, wat de buurman – die zijn tuintje wel op orde heeft – een doorn in het oog is? In al die gevallen zal de rechter in de praktijk alleen dan ingrijpen, wanneer sprake is van pesten of ander asociaal gedrag. Zo niet, mag buurman zijn gang gaan.

Een erg goedkoop tuinhuisje

Zo meende een dame in de Bollenstreek dat haar buurman wel een erg goedkoop tuinhuisje (type aanbieding bouwmarkt) in zijn naast haar kapitale villa gelegen tuin had geplaatst. Het zag er inderdaad niet uit, vond ik. Maar het was zijn tuin en zijn tuinhuisje. Nu daarvoor een bouwvergunning was afgegeven, stond buurman volledig in zijn recht. Hij kon niet worden verplicht een architectonisch verantwoorder bouwwerk neer te zetten. Zijn chique buurvrouw beet dus in het zand.

Oplossingen

Haar probleem was gelegen in een ruime mate van

standsverschil met haar buren. Dat probleem kon de rechter niet voor haar oplossen. De meeste burenconflicten schreeuwen echter wel om een oplossing. Over oplossingen gaat het volgende hoofdstuk.

11

Wat doen we eraan?

Een met scherp schietende buurman

De meeste mensen die verwikkeld raken in een burenconflict willen naar eigen zeggen maar één ding: een oplossing. Dat is in het eerste hoofdstuk van dit boekje al aangestipt. Na lezing van hetgeen daarop volgde, zult u het daarmee hartgrondig eens zijn. Alles is beter dan maar doormodderen. Want u weet het uit de kranten: het komt steeds vaker voor dat buren elkaar met dusdanig veel geweld te lijf gaan dat er doden en gewonden vallen. Een steekpartij op het dak van een schuurtje, een geval van brandstichting in een portiek of een met scherp schietende buurman. Drie voorbeelden van burengeschillen die volledig uit de hand liepen en waarbij mensenlevens vielen te betreuren. Zaken die net iets beter afliepen, haalden slechts de lokale pers. Zoals de man die zijn buurman met een bijl achtervolgde, vanwege een geintje met een waterpistool. Of de vrouw die van driehoog van de trap werd gegooid door een buurman die haar geklaag over zijn kinderen helemaal beu was. En dat waren echt niet allemaal lieden waar een steekje aan los zat. Ook normale mensen kunnen volledig doordraaien als de druk te groot wordt, als een onhoudbare situatie te lang voortduurt.

Ook haat kan doodbloeden

Gelukkig lossen veel burenconflicten zich na enige tijd vanzelf op. Al was het maar doordat de betrokkenen zich bij de situatie neerleggen en wat leukers gaan doen met hun leven dan de buren het leven zuur maken. Zo kan men woedend blijven op de buurman, maar als hij geen sjoege geeft, zal die woede op den duur verdampen. Als het goed is, tenminste. U gaat aan wat anders denken dan aan de buurman. Net als liefde, kan ook haat doodbloeden.

Een leuke dame uit Rusland

Zoals het geval was met de heer Smit, die er na zijn echtscheiding huiselijk gezegd een zootje van had gemaakt. De lege drankflessen slingerden door de voortuin en ook de dames van plezier die hem geregeld aan huis bezochten, veroorzaakten veel ergernis bij de omwonenden. Maar alle problemen waren uit de wereld toen Smit een leuke dame uit Rusland liet overkomen. Zij viel erg in de smaak in de buurt, en niet alleen bij de heren. Het was zogezegd een nogal proper type dat de was al op maandagmorgen vroeg aan de lijn had hangen, wat de buurvrouwen wel konden waarderen. Ik was toen nog officier van justitie en kon alle inmiddels tegen Smit verzamelde aanklachten met goed fatsoen in één keer seponeren. Helaas liep de Russin na een jaartje weg en raakte Smit subiet weer aan de drank. Gelukkig had de buurt daar weinig last meer van, want ook hij bleek daarna snel vertrokken. Een bordje met 'Te koop' was het laatste wat ze van hem vernamen.

Uitgelachen en weggehoond

Helaas is zo'n oplossing niet voor elke bedreigde buur weggelegd. Wat dan? Inderdaad, blijven doorzeuren helpt niet. Klagen bij de andere buren evenmin. Integendeel, dat ontaardt al snel in een verdere escalatie, waarbij de buurtbewoners in twee kampen worden verdeeld. Bij *De Rijdende Rechter* zien we ze dan terug, als betrof het groepen supporters bij een voetbalwedstrijd. Met veel boe- en bah-geroep geven de supporters uiting aan hun gevoelens van hulp en steun. Ga dat dan nog maar eens regelen. Het andere uiterste is evenmin prettig. Beslist triest zijn die gevallen waarin het publiek geheel en al op de hand van de ene buur is, terwijl de ander het zonder steun moet doen. Of slechts van zijn echtgenote. Als rechter moet ik dan waken voor een soort volksgericht waarbij de eenzame buur wordt uitgelachen en weggehoond.

Waar gaat dit eigenlijk over?

Hoe dan ook, men zal toch echt iets moeten ondernemen om uit de ellende te geraken, als de tijd de wonden niet kan helen. 'Los het gewoon op,' zou men daarom zeggen. Helaas, was het maar zo gemakkelijk. Nog afgezien van de kleine groep mensen die om hun moverende redenen helemaal niets willen oplossen, blijken ook redelijke mensen daartoe vaak niet in staat. Natuurlijk, als men sec naar de feiten kijkt, lijkt een oplossing meestal niet zo moeilijk. 'Waar gaat dit eigenlijk over?' hoort men omstanders zich dan verwonderd afvragen. En inderdaad, waarom verder ruzie maken over de hoogte van de heg, als men die bij wijze van compromis ook tot ergens tussenin zou kunnen terugsnoeien? Of waarom blijven schelden over dat enkele feestje, dat zo nu en dan bij de buren gevierd wordt, als men die avonden net zo goed gezellig naar de film zou kunnen gaan?

Symptoombestrijding

Helaas, in de meeste gevallen zit er veel meer achter het conflict dan de uiterlijke symptomen daarvan doen vermoeden. Als men slechts die symptomen aanpakt, blijft het werkelijke conflict onopgelost. Daarmee bereikt men dus weinig of niets. Zo heeft het betrekkelijk weinig zin om een geschil over een overhangende boom op te lossen, wanneer de werkelijke oorzaak van alle onmin is gelegen in jaloezie.

Zoals in het geval van de families Roosenboom en Talsma. De Roosenbooms waren maar aan het zeuren over de wilg van de Talsma's, maar eigenlijk konden ze het niet verkroppen dat de heer Talsma promotie had gemaakt en de heer Roosenboom niet. Het zal duidelijk zijn dat het omhakken van de arme wilg daaraan niets zou veranderen.

Een timide, contactgerichte buurvrouw

Maar er is meer. Zoals we hierna zullen zien, komen burenconflicten in alle soorten en maten voor. Het is beslist onjuist om te veronderstellen dat al deze verschillende conflicttypen op dezelfde wijze kunnen worden opgelost. Het maakt, om een voorbeeld te noemen, nogal wat uit of u ruzie krijgt met een normaal mens of met een naast u neergestreken psychopaat. En een brutale, asociale buurman moet beslist anders worden benaderd dan een timide, contactgerichte buurvrouw.

Met overslaande stem

In de praktijk blijkt het oplossen van een burenconflict dus een stuk moeilijker dan veel mensen denken. Het is nogal wat als buitenstaander van twee vechtende partijen te eisen 'dat ze het zelf eventjes oplossen'. Het mag veeleer een godswonder heten dat dit zo veel mensen toch nog lukt. Voorwaar een veel grotere prestatie dan men op het eerste gezicht zou denken.

We moeten niet te gemakkelijk en te zwaar oordelen over de mensen die dat niet voor elkaar krijgen. In elk geval slaat het nergens op die mensen te overladen met verwijten. Verwijten die ook nog eens behoorlijk hypocriet zijn. Want wie van ons is – als het erop aankomt – zelf wel redelijk wanneer hij wordt gemangeld door zijn buren? 'Hoezo, zelf oplossen?' denk ik als ik een anders zo redelijk denkend mens met overslaande stem zijn gelijk hoor bepleiten.

De juiste typering van burenruzies

'Maar hoe moet het dan?' hoor ik u vragen. Een terechte vraag, nu schrijver dezes het allemaal zo goed denkt te weten. Ik zal proberen die vraag zo goed en eerlijk mogelijk te beantwoorden. Waarbij ik onmiddellijk moet erkennen dat ook ik de wijsheid niet in pacht heb. Wat ik wel kan doen, is de door mij te onderscheiden typen burenruzies bespreken, met hun meest geëigende aanpak. De juiste typering is van levensgroot belang. Wordt een bepaald type burenconflict verkeerd aangepakt, dan doet men meer kwaad dan goed. In het beste geval wordt het conflict niet verergerd. Of wordt het slechts onderdrukt. Maar voor een echte oplossing is meer nodig.

Escalatietrap

In de volgende hoofdstukken zal ik daarom eerst de door mij onderscheiden typen burenruzies benoemen en bespreken. Aan de orde komen Type I: het gewone burenconflict, Type II: het relatieconflict, Type III: de aso, Type IV: geestelijk gestoorden (met subcategorieën IVa: de psychopaat en IVb: overige afwijkingen) en Type V: de criminele buurman.

In dat verband zal tevens aandacht worden besteed aan mijn zogenoemde Escalatietrap. Of hoe je bijvoorbeeld van een conflict Type I, via Type II in Type V kunt belanden.

Ten slotte wordt er reeds thans op gewezen dat een bepaald conflict onder meerdere typen tegelijk kan vallen, wat tot extra oplettendheid noopt.

12

De gewone burenruzie

Een tamelijk basaal conflict

De gewone burenruzie, Type I, is eigenlijk de meest bekende. Het gaat altijd om een tamelijk basaal conflict tussen twee buren die voorheen geen moeite met elkaar hadden. Het onderwerp van zo'n ruzie kan zeer divers zijn. Meestal gaat het om iets kleins, zoals overhangende takken of geluidsoverlast. Beslissend is niet zozeer de aanleiding, als wel de manier waarop daarover wordt gecommuniceerd.

U heeft een probleempje

Stel, u zit op een mooie zomeravond op uw balkon. Gezelligheid kent zoals u weet geen tijd, zodat het inmiddels ver na twaalven is als buurman vanuit zijn slaapkamerraam om stilte roept. Buurman had dat wellicht vriendelijk kunnen vragen. Maar dat doet hij niet, hij klinkt flink geïrriteerd. Hoe dan ook, u heeft een probleempje. Een verstandig mens biedt in zo'n geval gelijk zijn excuses aan. Ook als buurman iets minder vriendelijk is. U verontschuldigt zich voor de overlast en gaat naar binnen. De volgende dag herhaalt u uw verontschuldiging. 'Sorry buurman, we maakten wel lawaai hè, gisteren!' Tien tegen een dat buurman het inmiddels ook wat ruimer is gaan zien. 'Ach ja, dat moet kunnen, op zijn tijd. Ik kon alleen wat moeilijk in slaap komen, weet je.' Kortom, door het over en weer tonen van begrip, blijft een ruzie achterwege.

Ze bellen voortaan de politie

Het vereist weinig voorstellingsvermogen te bedenken hoe het in zo'n geval toch mis kan gaan. Het ene woord haalt het andere uit en voor men het weet, is het helemaal mis. Een voorbeeld uit de praktijk moge een en ander verduidelijken.

De Brabantse familie Van Dungen hield erg van gezelligheid. Zo gauw het weer het toeliet, zaten zij dan ook graag met hun familie en vrienden in de achtertuin. U kent dat wel. Stukje vlees op de barbecue, biertapje naar buiten en lekker muziek draaien. En maar lachen en gieren. Hun buren, de familie Tichelaar, ergerden zich daaraan. Ze konden nooit eens rustig in de tuin zitten. Aan hun klachten werd echter geen aandacht besteed. Erger nog, de buren vonden dat ze zeurden. Dat deed de deur dicht bij de familie Tichelaar. Ze belden voortaan met de politie als ze weer eens overlast ondervonden.

Dat is nu eenmaal het risico

Een diplomatieke reactie op al dan niet terechte klachten kan dus veel onheil voorkomen. Daarbij hangt natuurlijk veel af van de aard en kwaliteit van de bestaande verhouding. Als u de buurman graag mag, kunt u veel van hem hebben. Een goede relatie is daarom belangrijk. Maar in het verleden behaalde resultaten geven ook hier geen garantie voor de toekomst.

Zoals in het geval van de twee gezinnen die al vele jaren goed met elkaar optrokken. Maar toen de zoon van de een, een deuk reed in de van de ander geleende auto, ontstond er toch een probleem. Want wat was het geval? De verzekering dekte de schade wel, maar de hoogte van de no-claimkorting liep terug. Het ging om een paar honderd euro op jaarbasis. De benadeelde buren verwachtten dat die 'schade' door de buurjongen werd vergoed. Maar die was dat niet van plan, waarin hij werd gesteund door zijn ouders. 'Dat is nu eenmaal het risico als je je auto uitleent,' wisten zij.

Een lekkende wasmachine

Het volledig ontbreken van enige relatie met de buren is bijzonder gevaarlijk als zich een zakelijk verschil van mening voordoet. Een ontbrekende relatie hoeft immers niet te worden ontzien. Ieder gaat voor zijn eigen voordeel. Met name in anonieme woonsituaties, kenmerkend voor het leven in de Randstad, komen we dit veel tegen.

De wasmachine van de bovenbuurvouw was gaan lekken. De in de flat daaronder wonende yuppen waren hier niet blij mee. Die wilden hun waterschade vergoed zien en namen contact op met hun verzekeraar. Die stelde op zijn beurt de bovenburen aansprakelijk. Omdat de aansprakelijkheid juridisch nog helemaal niet zo eenvoudig lag, leidde dat tot een proces bij de kantonrechter. Niemand was op het idee gekomen om de zaak in der minne te regelen. De buren kenden elkaar niet en wilden dat zo houden.

Op- en aanbouwen

Een goede relatie of niet, er zijn gevallen waarin dat allemaal niet meer uitmaakt. Omdat de belangen te groot zijn. We zien dit vooral bij het bouwen van op- en aanbouwen.

Een kinderrijk gezin, woonachtig in Leidsche Rijn, kwam al snel ruimte te kort. Hun nieuwbouwwoning was veel te krap bemeten. Zij besloten met vergunning van de gemeente een aanbouw te plaatsen. Helaas zagen hun buren dat niet zitten. Een dergelijke aanbouw zou immers veel licht wegnemen in hun huis en tuin. Verder was hun privacy in het geding, omdat er enige inkijk ontstond. Er was een reëel belangenconflict ontstaan. Kool en geit sparen, bleek onmogelijk.

Gedwongen afbraak

Een geval waarin het helemaal misging, deed zich voor in Zeeland. Een man met gouden handjes besloot op zijn rijtjeshuis zelf een opbouw te realiseren. Al snel bleek dat hij afweek van de goedgekeurde bouwtekening. Maar het ergste was dat hij ook over de erfgrens heen bouwde. Dat had te maken met een dragende muur. Weliswaar bedroeg de overschrijding slechts een tiental centimeters, maar toch, de buren konden hiermee niet akkoord gaan. Nadat een door hen ingeschakelde bouwkundige had geconstateerd dat de aanhechting van de opbouw op de onderbouw niet deugde – met het risico van lekkages – was de maat vol. Tja, daar hielp geen goede relatie meer tegen. De buren eisten de afbraak van de opbouw, wat door de rechter werd toegewezen.

Dubbele winst

De behandeling van een gewone burenruzie dient slechts één doel: het uit de wereld helpen van een naar zijn aard zakelijk conflict, zonder dat een (mogelijk) bestaande relatie daaronder te veel lijdt. Als dat lukt, is er dubbele winst behaald. Niet alleen is het conflict zelf uit de wereld, maar ook de relatie tussen de betrokkenen is daarna verbeterd. Door samen te werken aan de oplossing van het conflict wordt tevens flink geïnvesteerd in de relatie. Zelfs buren die elkaar vroeger niet kenden en dus nog geen relatie hadden, gaan daarna beter met elkaar om. Er is vertrouwen ontstaan.

Advocaten vormen een groot gevaar

Veelal kunnen buren de zaak zelf oplossen. Een avondje goed met elkaar praten, al dan niet op neutraal terrein, doet wonderen. Maar als dat niet lukt, ligt daar een schone taak voor externe bemiddelaars als de buurtbemiddelaar, de wijkagent, de notaris of de dominee. Het gaat dan telkens om een onafhankelijke derde. Maar advocaten vormen een groot gevaar, door de polariserende rol die zij beroepshalve spelen.

Een perfect voorbeeld van een geslaagde behandeling van een klassiek burenconflict is het volgende.

Na een landmeting bleek dat buurman zijn nieuwe schuur fors over de erfgrens heen had gebouwd. Opgeteld hield hij sindsdien een kleine twee vierkante meter van buurmans grond bezet. Partijen besloten de zaak in der minne te regelen en riepen de hulp van de notaris in. Die wist dat de grond daar ter plaatse niet goedkoop was. Hij schatte die op een 450 euro per vierkante meter. Op voorstel van de notaris mocht de garage-eigenaar het ingepikte stukje grond kopen voor 900 euro kosten koper. In de notariële akte werd bovendien opgenomen dat een vlak naast de garage geplante berkenboom mocht blijven staan. Partijen gingen als goede buren uit elkaar.

Goed behandelbaar

Een gewone burenruzie (Type I) is niet niks. Voorkomen is beter dan genezen. Maar nu het goede nieuws. Een Type I-ruzie is in de regel goed 'behandelbaar'. Juist omdat het ergens over gaat, kan meestal wel een oplossing worden bedacht waarmee beide partijen kunnen leven. En als dat onverhoopt toch niet mocht lukken, kan een onpartijdige derde als de rechter altijd nog de knoop doorhakken. Het verdient daarom warme aanbeveling een burenconflict van het Type I zo snel mogelijk te regelen. Want als een oplossing uitblijft, loert het levensgrote risico van escalatie. Een gewone burenruzie kan gemakkelijk muteren in een burenruzie Type II (het relatieconflict), die veel moeilijker op te lossen is.

13

Het relatieconflict

Elkaar niet meer kunnen luchten of zien

Laat een gewone burenruzie zich in de regel met enige goede wil nog wel oplossen, veel moeilijker wordt het als de relatie tussen de buren zelf de inzet wordt. Dan gaat het immers niet, althans niet meer, om een zakelijk conflict over bijvoorbeeld de erfscheiding. Nee, dan hebben we het over buren die elkaar niet meer kunnen luchten of zien. We hebben te maken met een burenruzie van het Type II: het relatieconflict. Eerst een voorbeeld.

Na jarenlang te hebben gebakkeleid over de vervanging van een schutting hadden de families Koedam en Venema een hartgrondige hekel aan elkaar gekregen. Er werd niet meer gegroet. Men weigerde pakjes voor elkaar aan te nemen en hun kinderen mochten niet meer met elkaar spelen. Zelfs al zou er een oplossing komen voor de schutting, dan zou dat niet meer helpen. De relatie was duurzaam verstoord geraakt.

Soms liggen mensen elkaar gewoon niet

Net zoals in het voorbeeld hiervoor zijn de meeste relatieconflicten een uitvloeisel van een onopgeloste, gewone burenruzie. Dat hoeft echter niet. De onderlinge verhouding tussen de buren kan ook om andere redenen verstoord raken. Soms liggen mensen elkaar gewoon niet. Of ze passen wat betreft levensstijl niet bij elkaar. En als men die mensen dan toch naast elkaar laat wonen, gaat het op den duur mis.

Zoals het geval van de buren Stienstra en Willemsen. De Stienstra's waren al wat oudere mensen die een goed en degelijk burgermansbestaan leidden. Tuintje op orde, ramen gewassen en 's avonds braaf voor de televisie. De Willemsens hielden er een geheel andere levensstijl op na: uitgaan, boeken lezen en musiceren. Vóor schoonmaken en de tuin ruimden zij geen tijd in, en de katten liepen onbekommerd in en uit. Dat liep uiteindelijk verkeerd af. De Stienstra's gingen klagen over geluidsoverlast, onkruid en katten. Op een gegeven moment escaleerde de zaak dusdanig dat er zelfs met kattenpoep over de heg werd gegooid.

Een groot gevaar

Wil men een relatieconflict krijgen, dan moet men in beginsel eerst een relatie hebben. Want hoe kan men een relatieconflict krijgen met iemand met wie men helemaal geen relatie heeft? Hetgeen niet wil zeggen dat men bij het ontbreken van een relatie geen ruzie met elkaar kan krijgen. Integendeel, juist vanwege het ontbreken van een relatie ligt de drempel om ruzie te maken laag. In elk geval een stuk lager dan bij mensen die wat dat betreft wel wat hebben te verliezen. Vooral in de drukke Randstad, waar miljoenen mensen tamelijk anoniem naast elkaar leven, vormt dat een groot gevaar.

De overlastpleger had zich verhangen

Het is bekend waar die anonimiteit toe kan leiden. Door het ontbreken van enig contact met de buren kunnen mensen bijvoorbeeld wekenlang dood in huis liggen voordat hun verscheiden wordt opgemerkt. En het is gemakkelijk klagen bij de politie over een buurman die je toch niet kent. Sterker: waar men normaal gesproken eerst zelf de buurman zou aanspreken op zijn gedrag, ligt dat een stuk minder voor de hand bij een buurman die men helemaal niet kent. Bizar was de volgende zaak.

Een alleenstaande AOW'er klaagde al maanden over een jongeman die kortgeleden in de flat boven hem was getrokken. Niet alleen maakte hij 's avonds veel lawaai, maar zijn hond vervuilde bovendien het balkon. Geregeld liep de viezigheid langs de gevel naar beneden, tot op het balkon van de AOW'er. De woningstichting kreeg geen contact met betrokkene en besloot uiteindelijk een huisbezoek af te leggen.

Omdat niet werd opengedaan, maar wel alle lichten brandden en de hond klagelijk huilde, werd de politie erbij gehaald. Bleek dat de overlastpleger zich een week eerder had verhangen! Het was de klagende AOW'er wel opgevallen dat het de laatste tijd wat rustiger was.

Eenzaamheid

Nu doet zich wel de bizarre omstandigheid voor dat een ruzie tussen mensen die voorheen geen relatie met elkaar hadden toch een bepaalde vorm van 'relatie' kan opleveren. Ik bedoel, ruzie maken met iemand die u niet kent, betekent toch dat u 'iets' met betrokkene 'krijgt'. De ruzie is dan de relatie. Sommige mensen kicken daarop.

Een eenzame dame zag keer op keer kans een conflict uit te lokken met haar medeflatbewoners. Zij hadden eerst geen oog voor haar, maar dat werd anders toen ze hun schreeuwend de doorgang in de toegangshal versperde. Klagend over van alles en nog wat wist ze telkens precies de verkeerde toon te treffen. En als ze dan weerwoord kreeg, had je de poppen aan het dansen: boze briefjes onder de deur, eieren tegen de ramen en schelden op de trap. Voor de dame in kwestie allemaal een probaat middel om de eenzaamheid te verdrijven. Maar haar buren maakte ze knettergek.

Zoiets als liefdesverdriet

Wat me op het volgende brengt. Soms gaan buren jarenlang goed met elkaar om. Maar dan bekoelt de relatie. Bijvoorbeeld omdat een van de partijen daarin wat minder wil investeren dan vroeger. Dat kan hard aankomen voor de andere partij. Die voelt zich miskend en verraden. Er ontstaat zoiets als liefdesverdriet. We weten dat dit kan leiden tot heftige emoties.

Twee gescheiden buurvrouwen zijn jarenlang veel met elkaar opgetrokken. Het werden echte vriendinnen. Toen de een ernstig ziek werd, stond de ander dan ook gelijk voor haar klaar. Gelukkig herstelde de zieke buurvrouw. Kort daarop kreeg ze echter kennis aan een nieuwe man. Het contact met haar buurvrouw verwaterde. Deze laatste kon dat moeilijk verwerken. Wat volgde, was een onverkwikkelijke aaneenschakeling van pesterijen, scheldpartijen en zelfs een vechtpartijtje. De verlaten buurvrouw wilde maar één ding: haar vriendin terug. Maar die wilde niets meer van haar weten.

Externe hulp

Terug naar het gangbare relatieconflict. Een conflict dat de relatie tussen partijen tot inzet heeft. Hoe moet men daarmee omgaan? Vooropgesteld moet worden dat de oplossing van een relatieconflict de zelfredzaamheid van de meeste mensen te boven gaat. Probleem bij een dergelijk conflict is immers dat men daarbij zelf direct emotioneel betrokken is. Emoties laten zich in de regel nogal moeilijk rijmen met verstandig overleg en zakelijke oplossingen. Ook hier ligt het inroepen van externe hulp dus voor de hand. Maar let op: niet iedere hulpverlener is geschikt om een relatieconflict te begeleiden. Ik wil helemaal niet uitsluiten dat er natuurtalenten bestaan, maar enige opleiding op dit gebied lijkt me geen overbodige luxe.

Een ouderling van de kerk

Zo denk ik direct aan het geval van de ouderling die ging bemiddelen in een burenruzie tussen twee leden van dezelfde kerkgemeente. Hij doorzag niet dat er sprake was van een venijnig relatieconflict. Hoewel de ouderling het goed bedoelde, werd hij al snel geheel en al meegetrokken in het conflict. Zozeer dat hij er zelf bijna aan onderdoor ging. Nadat een van de ruziemakende buren hem openlijk had beticht van *stalking*, werd hij door de dominee teruggefloten. De zaak was hem volledig boven het hoofd gegroeid.

Vrijwillige buurtbemiddelaars

Als ik het over een opleiding heb om adequaat te kunnen bemiddelen in relatieconflicten, herken ik daarin onmiddellijk verschillende niveaus. De meeste burenruzies van dit type laten zich heel goed behandelen door mensen die een basale mediationopleiding hebben genoten. We kennen in Nederland al geruime tijd een grote groep vrijwillige buurtbemiddelaars die daarvoor deugdelijk zijn opgeleid. Maar er zijn ook veel wijkagenten en maatschappelijk werkers die voldoende geschoold zijn. Al deze mensen moeten zich wel bewust zijn van hun beperkingen. Soms liggen conflicten immers zo diep of is er sprake van dusdanige complicaties, dat moet worden teruggevallen op echte professionals. Dan moeten partijen worden doorverwezen naar een erkende mediator. Probleem daarbij zijn de kosten, omdat zulke professionals niet voor niets werken. Gelukkig kan een professionele mediation soms worden ondergebracht in een gesubsidieerd project. Want het zou jammer zijn als een dergelijk ernstig conflict om het geld onopgelost blijft.

De moeite waard

Ik sluit af. Een Type II-relatieconflict is veel ernstiger dan een gewone burenruzie. De oplossing is in elk geval een stuk minder eenvoudig, deskundige hulp is veelal onontbeerlijk. Maar als men bedenkt wat er kan gebeuren als een dergelijk conflict onopgelost blijft, is het zeker de moeite waard die hulp in te roepen.

Hulp is in ieder geval onontbeerlijk als de grens met een conflict van het Type III (de aso) wordt overschreden of wanneer men te maken krijgt met een geestelijk gestoorde (Type IV).

14

De asociale buurman

We doen ons best

In het voorgaande hadden we het telkens over conflicten tussen gewone mensen die het in beginsel niet kwaad met elkaar voorhadden. Hun ruzies gaven veeleer blijk van een begrijpelijk menselijk tekort, dan van een kwade inborst. ‘We doen ons best,’ riep mijn grootvader altijd als hij op een foutje werd gewezen. Zo is het maar net. We doen ons best, de een wat meer dan de ander, meer kunnen we niet doen.

Aso’s kunnen een hele buurt verpesten

Maar steeds vaker moeten we ondervinden dat niet alle buren bereid blijken hun best te doen. Integendeel, steeds meer mensen doen precies waar ze zin in hebben en laten zich niks aan anderen gelegen liggen. We spreken dan over de zogenaamde aso’s. Een ruzie met zo’n persoon classificeren we als een burenruzie van het Type III.

De wijkagent is onvindbaar

Zoals de familie Grootegast, die haar intrek had genomen in een eengezinswoning aan de gezellige Kievitshof. Hoewel het gezin officieel uit vier personen bestond, was de feitelijke bewoningsdruk een stuk hoger. Op zonnige dagen zaten ze soms wel met zijn tienen op het pleintje bier te drinken. De Grootegastjes trokken zich van niemand wat aan. Ze maakten een hoop herrie, volle vuilniszakken smeten ze lukraak op straat, waar ze door de katten werden aangevreten. Wie er wat van zei, werd scheldend en tierend te woord gestaan. Zoals zo vaak in dit soort gevallen, keek de overheid machteloos toe. De wijkagent was onvindbaar, de woningbouwvereniging onzichtbaar en de burgemeester onbereikbaar.

Zelfs in de beste kringen

Bij aso's moet u niet alleen denken aan de spreekwoordelijke familie Flodder. Zelfs in de betere kringen houden zij zich op.

Wat bijvoorbeeld te denken van de familie Korthals, die een villa bewoonde in een lommerrijke buitenwijk. Pa had het druk met zijn werk en zijn secretaresse. Ma was aan de sherry en de pillen. Dochter verkeerde in ongure kringen en zoonlief maakte de buurt onveilig op zijn opgevoerde brommer. Alles wat deze mensen deden, hinderde de buren. Luidruchtige feestjes rondom het zwembad, onduidelijke bezoekers die dronken door de straat zwalkten en aan huis bezorgende drugsdealers. Hun agressieve hond liep bovendien voortdurend los. Voor klagende buren werd niet opengedaan. De gewaarschuwde politie werd steevast geschoffeerd door de huisadvocaat.

Hufterig gedrag

Het kan niet worden ontkend dat het aantal aso's sterk is toegenomen. Dat kan niet worden losgezien van de nakende ondergang van de burgerklasse, die zich vooral in de grote steden voordoet. Met deze burgerklasse gaat immers ook het aloude burgerfatsoen verloren, dat zich kenmerkte door het rekening houden met elkaar. In plaats daarvan omarmt men de cultuur van de vroegere onderklasse. Dat ziet men niet alleen in kleding, persoonlijke verzorging en taalgebruik, maar ook in de bejegening van de medemens. Het resultaat ziet u op de openbare weg en in het openbaar vervoer, waar hufterig gedrag de boventoon is gaan voeren. Het Algemeen Beschaafd Nederlands heeft plaatsgemaakt voor een soort randstedelijk dialect waarin bewust uiterst grove taal wordt gebezigd. Omdat deze hufters ook ergens moeten wonen, krijgen steeds meer mensen met dit type buurman te maken. Of buurvrouw.

Geheel naakt in de achtertuin

Zoals de echtelieden Meerman overkwam toen mevrouw Ten Kate naast hen kwam wonen. Mevrouw

Ten Kate had een vrije levensopvatting. Zo had zij de gewoonte geheel naakt in de achtertuin te zonnen, duidelijk zichtbaar voor de omwonenden, die tegen een kleine vergoeding overigens ook binnenshuis van haar diensten gebruik konden maken. Die dienstverlening strekte zich na enige tijd ook uit tot mannen van verder weg. Met name in de weekeinden was het een komen en gaan van nooddruftig mansvolk dat helaas geregeld bij het verkeerde huis aanbelde. De woningbouwvereniging had nog veel moeite de dame in kwestie te mogen ontruimen.

Een aartsegoïst

De aso is in wezen een aartsegoïst. Hij is niet bereid om rekening te houden met zijn buren, die zijn voor hem van geen enkel belang. Het is ikke-ikke-ikke, iedereen moet hem met rust laten. Mensen die hem aanspreken op zijn onaangenaam gedrag kunnen klappen krijgen. Opvallend is dat dit slag volk de zaken altijd weet om te draaien. Niet zij doen iets fout. Nee, de klagers krijgen de schuld.

Meneer terroriseert de hele flat

In een ooit door mij berechte zaak, een ontruimingsprocedure als gevolg van het asociale gedrag van een buurtbewoner, moest de woningbouwvereniging het aanvankelijk hebben van drie klagende buren. In schrille bewoordingen verhaalden zij van de verschrikkingen die hun het afgelopen jaar waren overkomen. Een triest verslag van overlast en intimidatie. De beklaagde ontkende in alle toonaarden. Nee, hij wist wel beter: er werd hier een vies spelletje gespeeld door dat oude mens van nummer 34. Die was volgens hem zwaar aan het dementeren. Bovendien pestte ze hem met haar voortdurende klaagtelefoontjes. 'En die andere klagers dan?' wilde ik weten. 'Dat zijn vrienden van haar,' wist betrokkene. Toen ik ten slotte de wijkagent als getuige hoorde, kreeg ik geheel andere informatie. 'Meneer terroriseert de hele flat,' stelde de politiefunctionaris grimmig vast.

Maar nu het goede nieuws

Maar nu het goede nieuws. Een aso is niet geestelijk gestoord en moet daarom scherp worden onderscheiden van de in het volgende hoofdstuk te bespreken psychopaat. Dat biedt mogelijkheden, want hij is uiteindelijk wel degelijk aanspreekbaar. Dat wil zeggen, als u de goede woorden weet te vinden.

Doof voor redelijke argumenten

Wat u wel goed moet beseffen is dat een dergelijk type in de regel doof is voor redelijke argumenten in de trant van: 'Goh, u snapt toch ook wel dat mijn kinderen niet kunnen slapen als u de hele avond op uw drumstel zit te spelen?' Dat zal hem worst wezen. Uw enige kans is hem aan zijn verstand te peuteren dat hij niet zomaar wegkomt met zijn wangedrag. Dat hij hier enorm gelazer mee krijgt. Weet u hem daarvan te overtuigen, dan zal hij zijn gedrag aanpassen.

Normaal gaan doen

Een voorbeeld uit de praktijk. Een aantal bewoners van een gehorig flatgebouw was de geluidsoverlast van de bewoner op nummer 14 beu. Klagen hielp niet. Betrokkene had gewoon lak aan ze. Daarop stapten ze naar de woningbouwvereniging, die betrokkene vervolgens een ultimatum stelde. Of normaal gaan doen, of gedwongen verhuizen. Hierop koos hij vloekend eieren voor zijn geld.

U moet er wel op voorbereid zijn dat de asociale buurman de grenzen van zijn mogelijkheden zal blijven verkennen. Hij zal niet zomaar zwichten. En dat hij zich daarbij dreigend kan opstellen, ligt in de lijn van de verwachtingen. Want aso's hebben geleerd dat de tegenpartij dan vaak alsnog bakzeil haalt. Het is daarom zaak hun duidelijk te maken dat dit deze keer niet zal gebeuren.

Plantenbak over de balie

Freddy P. leefde al maanden in onmin met zijn buren. Nadat de woningbouwvereniging hem de wacht had aangezegd, kwam hij verhaal halen. Hij bedreigde de dienstdoende medewerkers en zette zijn woorden kracht bij door een plantenbak over de balie te gooien. Dat had hij beter niet kunnen doen. De woningbouwvereniging zwichtte niet, belde de politie en startte de volgende dag een uitzettingsprocedure. Bij de rechter betuigde Freddy P. alsnog zijn spijt. Maar dat was te laat. Een maand later werd hij ontruimd.

Strafrechtelijke aanpak

Bij het aanpakken van een aso-buurman kunt u kiezen voor de strafrechtelijke aanpak. Daarvoor is vereist dat een bewijsbaar strafbaar feit is gepleegd. Een voordeel van de tegenwoordige 'bonnencultuur' bij justitie is dat ook in burenruzies al snel een transactie (lees: boete) van een paar honderd euro wordt uitgedeeld. Wie die niet betaalt, moet voorkomen. Dat vindt de aso niet leuk. De politierechter is weliswaar wat milder en zoekt het liever in een (voorwaardelijke) taakstraf, maar dat is helemaal niet erg. Waar het om gaat, is de correctie. Die helpt bij dit soort mensen.

Kort geding

Bij een civielrechtelijke aanpak kunt u de lastpost zelf in rechte betrekken. Bij voorkeur in kort geding. De kortgedingrechter kan een gevoelige dwangsom opleggen. Of een straatverbod.

Zoals bij Peter M., die zich had vergrepen aan een aantal buurkinderen en na zijn kortdurende detentie doodleuk wilde terugkeren bij zijn in diezelfde straat woonachtige vriendin. Dat vonden de omwonenden geen goed idee. Peter kreeg daarop een straatverbod van de kortgedingrechter. Kwam hij toch in de straat, dan verbeurde hij een dwangsom van 10.000 euro per keer.

Pappen en nathouden

Waar het op neerkomt is dat een aso-buurman gestopt kan worden. Dat vereist wel een harde en duidelijke aanpak. Met pappen en nathouden bereikt u niets. Krijgt u echter te maken met een psychopaat, dan zijn uw kansen een stuk kleiner. Dan is het alle hens aan dek.

15

De psychopaat

Gebrekkige ontwikkeling van de geestesvermogens

De psychopathische persoonlijkheid kenmerkt zich door het ontbreken van een volgroeid geweten en de onmacht om een volwassen emotionele relatie aan te gaan. Net als de gewone aso is hij blind voor de belangen van anderen. Zijn gedrag wordt geheel en al bepaald door zijn eigen behoeften. Hij handelt daarbij vaak uiterst impulsief en kan niet verdragen dat hij op welke manier dan ook wordt gedwarsboomd. Hij lijkt wat dat betreft wat op een kleuter die een scène schopt in de supermarkt als hij zijn zin niet krijgt. Anders dan de gewone aso, die zoals wij hiervoor zagen wel gevoelig is voor correctie, laat de psychopaat zich niet of nauwelijks corrigeren. Hij kan dat niet helpen, want hij is geestelijk onvolgroeid gebleven. In de forensische psychiatrie spreken we van een gebrekkige ontwikkeling van de geestesvermogens. Het behoeft geen betoog dat een burenruzie met een dergelijk persoon (Type IVa) levensgevaarlijk kan worden.

Aanstormende auto

Daar kwam de heer Van Dussen achter toen hij het aan de stok kreeg met zijn nieuwe buurman Hank. Na een korte woordenwisseling wilde Van Dussen naar huis. Hij werd echter achterhaald door Hank, die snel zijn auto had gepakt om de achtervolging in te zetten. Van Dussen kon de aanstormende auto nog maar net ontwijken. Toen hij zag dat Hank keerde en opnieuw op hem kwam inrijden, redde hij het vege lijf door over een heg te springen.

Overtuigend liegen

Psychopaten zijn in de regel tamelijk intelligent en kunnen overtuigend liegen. Bij een eerste kennismaking maken zij nogal eens een vriendelijke indruk. Buitenstaanders trappen daar gemakkelijk in.

In het laatste voorbeeld spoedde Van Dussen zich naar de politie. Die ontbood Hank voor een verhoor, maar die ontkende alles. Omdat er geen getuigen waren, liet de politie het erbij zitten. Dat werd pas anders toen Hank op heterdaad werd betrapt bij het stichten van brand bij Van Dussen.

In alle soorten en maten

Gelukkig zijn er maar weinig echte psychopaten. De werkelijkheid is dat de meeste mensen onder extreme omstandigheden psychopathische trekken kunnen vertonen. Diegenen van ons die de Tweede Wereldoorlog nog hebben meegemaakt, kunnen daarvan getuigen.

Tuinhekje stelen

Zo vertelden mijn ouders geregeld over de buurtbewoner die het in zijn hoofd haalde tijdens de Hongerwinter hun houten tuinhek te komen stelen. De goede man verstookte die in zijn noodkacheltje. Dat hij door mijn moeder was gezien, weerhield hem niet van deze schanddaad.

Gelukkig doen dergelijke extreme omstandigheden zich zelden voor, zodat de meeste mensen niets merken van zo'n karakterfout. We keren daarom terug naar het eigenlijke thema van dit hoofdstuk: de buurman die ook zonder extreme aanleiding psychopathisch gedrag vertoont. Dat kan bizarre vormen aannemen.

Rioolwater

Zo kennen wij uit de krant het verhaal van een man die jarenlang rioolwater onder het huis van zijn buren zou hebben gepompt. Hij deed dat in de hoop dat hun huis onbewoonbaar zou worden en zij wel moesten vertrekken. Dat plan mislukte, omdat de buren letterlijk onraad roken. Gealarmeerd door de stank lieten zij een bouwkundig onderzoek instellen. Toen kwamen de slangen boven water, die rechtstreeks naar het naburige huis leidden. Betrokkene ontkende echter glashard elke betrokkenheid. Hij beweerde niet te weten wie deze pompinstallatie had aangebracht. De strafrechter ging vervolgens twijfelen en sprak hem vrij.

Dergelijke vrijspraken zijn helaas exemplarisch. Het zij hier nog maar eens herhaald: psychopaten kunnen zeer intelligent zijn. Het bedriegen zit hun in het bloed en autoriteiten tuinen daar gemakkelijk in. 'Dat kan toch niet waar zijn,' hoort men ze dan denken. Maar dat is het wel.

Slachtofferrol

Een psychopaat kan zover gaan dat hij of zij het eigen leven in de waagschaal stelt om u schade te berokkenen. De slachtofferrol is hem of haar daarbij niet vreemd.

Ik denk daarbij aan de zaak van die dame die het plan had opgevat haar buurvrouw 'onschadelijk' te maken. Nadat ze brieven had gestuurd naar de politie, waarin ze haar buurvrouw betichtte van moordplannen, gooide ze zich op een avond voor de auto van laatstgenoemde. Het bleef bij wat blikschade en een paar schrammen, maar mooi dat de politie de volstrekt onschuldige buurvrouw oppakte voor verhoor. Die ontkende natuurlijk in alle toonaarden, maar ze had wel alle schijn tegen. Gelukkig kon een toevallige getuige haar ontlasten.

Niemand zal u geloven

Wordt u dus geconfronteerd met een psychopaat als nieuwe buur, dan heeft u een enorm probleem. Niet alleen loopt u het risico op volstrekt onvoorspelbaar en gevaarlijk gedrag, bovendien zal niemand u geloven. Op zijn best wordt een bemiddelingspoging ondernomen, die op voorhand zinloos is. Zelfs gevaarlijk, want buurman weet nu wie over hem heeft geklaagd.

Zoals in het geval van buurman Kleimeer. Nadat hij de auto van buurvrouw Oterleek had beschadigd, haar kat had vergiftigd en zoutzuur in haar richting had gegooid, wilde mevrouw aangifte doen bij de politie. Die aangifte werd echter niet opgenomen, omdat de wijkagent eerst een bemiddelingspoging wilde ondernemen. Daar ging Kleimeer graag op in. De buurvrouw voelde zich terecht onbegrepen. Kleimeer kletste zich onder een drietal ernstige strafbare feiten uit en bleef intussen een ernstige bedreiging vormen.

Soms lopen ze tegen de lamp

Gelukkig zijn niet alle psychopaten even intelligent. Niet dat zij daarom minder gevaarlijk zijn, maar ze zijn wat minder bedreven in het verhullen van de waarheid. Soms lopen ze gewoon tegen de lamp, bijvoorbeeld omdat ze op heterdaad worden betrapt.

Zo behandelde ik eens de strafzaak tegen een meneer die de banden van de auto van zijn buurman lek had gestoken. Weliswaar ontkende hij bij hoog en laag, maar hij was gewoon gezien door een andere buurman. Die was hem nog achternagerend en zag hem zijn huis invluchten. Het bewijs was rond en betrokkene werd gaaf veroordeeld.

Blijven ontkennen

Soms is er iets meer recherchewerk nodig om de schuldige veroordeeld te krijgen. Maar omdat betrokkene veelal ontkent, blijft er in die zaken altijd een zweem van twijfel hangen.

Wat te denken van de man wiens auto telkens werd bekrast. Hij ging op de uitkijk staan en zag zijn buurman voorbijlopen met de hond. Vervolgens hoorde de gedupeerde een krassend geluid. Hij overmeesterde de buurman. Die ging liggen gillen en schreeuwen totdat de gewaarschuwde politie ter plaatse was. Onderzoek aan de kleding van de buurman leidde tot de ontdekking van een sleutelbos die werd opgestuurd naar het gerechtelijk laboratorium. Daar trof men op een van de sleutels verfresten aan, die overeenkwamen met de lak van de bekraste auto. Hoewel de verdachte bleef ontkennen, werd hij veroordeeld. Zijn raadsman hield het desondanks op een gerechtelijke dwaling.

Zelfverdediging?

Dat is allemaal leuk en aardig, maar wat schiet men daar nu mee op? Tenzij de psychopaat langdurig wordt opgesloten, waarvoor hij in Nederland in de regel toch minstens een levensdelict moet hebben gepleegd, blijft hij naast u wonen. Met alle gevaren van dien. U kunt dan weleens in de situatie komen dat u zich moet gaan verdedigen. En uit de krant weet u dat u dan degene bent die door de politie wordt meegenomen.

De heer Koning uit W. was het wangedrag van zijn gekke buurman zo beu dat hij zich op een gegeven ogenblik niet meer kon beheersen. Toen buurman hem in de tuin met een bijl bedreigde, pakte hij een scherpe spade en gooide die naar zijn belager. De spade trof doel en de man met de bijl stortte bloedend ter aarde. Terwijl een ambulance het 'slachtoffer' afvoerde, werd Koning in de boeien geslagen. 'Hoezo, noodweer?' wilde de politie weten. 'Hij zegt dat u hem onverhoeds aanviel. Bovendien, u kon toch makkelijk uw huis in vluchten?'

Zo snel mogelijk verhuizen?

Eerlijk gezegd is het nog het verstandigst maar zo snel mogelijk te verhuizen wanneer naast u een agressieve psychopaat komt wonen. In de regel is de psychopaat altijd sterker en slimmer dan u en beschikt hij bovendien over een ijzeren gezondheid. Terwijl u slaapt, sluipt hij rond uw huis. En wanneer u slapeloos in bed ligt, ligt hij heerlijk te snurken.

Besluit u zich echter niet weg te laten jagen, dan dient u zich op te maken voor een zware strijd. Daarbij is het zaak om de autoriteiten zo snel mogelijk van de ernst van de situatie te overtuigen. Uw veiligheid en die van uw gezin staan op het spel. Laat u daarom niet geruststellen door eigenwijze ambtenaren en wereldvreemde welzijnswerkers. Zij lopen geen risico, u wel.

16

Andere geestesstoornissen

Neurotisch gedrag

We kunnen allemaal wel eens neurotisch gedrag vertonen. Op zichzelf is dat niet abnormaal. En wordt de neurose hinderlijk, dan zijn er gelukkig genoeg mogelijkheden voor behandeling. Helaas is niet iedereen zich altijd bewust van zijn beperkingen. Dan kan men de buren behoorlijk op de zenuwen gaan werken. Loopt zo'n afwijking uit de hand, dan komt men terecht in een burenconflict van het Type IVb: andere geestesstoornissen.

Smetvrees

Wat bijvoorbeeld te denken van de mevrouw met smetvrees die de hele dag aan het schrobben en poetsen was. Niet alleen thuis, ook voor de deur en in het trappenhuis van de flat. Niemand nam daar aanstoot aan, totdat mevrouw passanten begon lastig te vallen. Zij kregen verwijten over vieze voeten en andere vervuiling naar het hoofd geslingerd.

Andere fobieën

Uitzonderingen daargelaten is voornamelijk de zieke zelf de dupe van zijn afwijking. Dat spreekt het meest bij de zogenaamde fobieën. Gevallen dus, waarin mensen een onredelijke en onberedeneerde angst ontwikkelen voor bepaalde situaties.

U kent ze misschien wel, de buren die altijd de trap nemen in plaats van de lift. Vanwege hun angst voor kleine ruimtes. Of de buren die zich zelden of nooit op straat vertonen, vanwege hun pleinvrees of angst voor vreemden.

Patiëntje pesten

Behalve dat zij vreemd gedrag vertonen, veroorzaken deze patiënten geen of weinig echte overlast. Veeleer lopen zij het risico mikpunt te worden van spot en plagerijen. Vooral kinderen kunnen wat dat betreft wreed zijn. Het spreekt voor zich dat u dat niet moet tolereren. Het pesten van geesteszieken is beneden alle peil.

Zo werd patiënte Stroom het slachtoffer van een groep buurtkinderen die haar voortdurend belaagden. U kent dat wel: op de ruiten tikken, belletje trekken en op de deur bonken. Dat was gemeen, want mevrouw ging dan heel raar op straat staan schreeuwen. Lachen, dus. Gelukkig grepen omwonenden onmiddellijk in, waarna de lastpakken het arme vrouwtje voortaan met rust lieten.

Borderline

Meer overlast veroorzaken de zogenoemde borderlinepatiënten. Dat zijn mensen die eigenlijk voortdurend op de rand van de gekte balanceren. Met heel veel moeite en de nodige hulp kunnen zij zich meestal wel in de maatschappij handhaven. Maar als ze bij tijd en wijle over het randje vallen, raken ze helemaal van de kook en kunnen ze hoogst onaangenaam gedrag gaan vertonen. De borderlinepersoonlijkheid blijkt in de praktijk heel moeilijk te diagnosticeren. Waar de ene dokter al snel een duidelijke geval van borderline meent te herkennen, houdt de ander het liever op een geval van surmenage (overspannenheid). Wat daar ook van zij, de uiterlijke kenmerken lijken erg op elkaar. In het oog springend is dat betrokkenen plotseling in grote woede kunnen uitbarsten. Een borderlinepatiënt is daarom meer dan de gemiddelde mens betrokken bij allerhande conflicten. Burenruzies vormen daarop geen uitzondering.

Psychotische aandoeningen

De meeste overlast wordt veroorzaakt door mensen met psychotische aandoeningen. Deze overlast kan dusdanig ernstige vormen aannemen dat zij mede een reden kunnen zijn voor het gedwongen opnemen in een psychiatrische inrichting. Maar voor het zover is, moet er heel wat gebeuren.

Manisch-depressief

De heer Mulder was al jaren lijdende aan een ernstige vorm van manische depressiviteit. Wekenlang sloot hij zich op in zijn woning, de gordijnen hield hij gesloten. Hij liet de zaak ernstig vervuilen en verzorgde ook zichzelf niet goed meer. Deze weken van depressiviteit werden onderbroken door korte manische periodes, waarin betrokkene zich juist erg goed voelde. Hij sliep dan nauwelijks en was bijzonder actief. Hij rende hard zingend door het huis, sloeg aan het verbouwen en vroeg voortdurend aandacht van zijn buren. Daarna ging het echter weer helemaal mis en zakte hij terug in zijn lethargie. Uiteindelijk werd hij na klachten van de buren opgenomen. Zodra hij was gestabiliseerd, kon hij weer naar huis.

Schizofrenie

De ongelukkige bij wie een vorm van schizofrenie is gediagnosticeerd, veroorzaakt in de praktijk de meeste problemen. Ik heb het dan vooral over de gevallen waarin betrokkene bizar gedrag vertoont, waanbeelden ontwikkelt of gaat hallucineren. Een en ander blijft uiteraard niet onopgemerkt. De buren slaan alarm. Al was het maar omdat de overlast niet te harden is.

Geregeld worden we in de rechtspraktijk geconfronteerd met patiënten die geluidsoverlast veroorzaken.

Niet alleen door het luid spelen van muziek, maar ook door schreeuwen en bonken. Ik kwam zelfs eens iemand tegen die vanuit zijn bed aan allerlei draden trok, die weer verbonden waren met stukken hout waarmee hij op de verwarmingsbuizen kon slaan. De buren werden daar knettergek van.

Hoe triest ook, zulk gedrag kan niet tot in de eeuwigheid worden getolereerd. Natuurlijk mag men van de buren verwachten dat zij enige compassie hebben met een geesteszieke. Maar uiteindelijk mag het niet zover komen dat de buren overspannen raken.

De ramen afgeplakt met kranten

Zo moest mevrouw Bloem, die lijdende was aan een ernstige vorm van achtervolgingswaanzin, uiteindelijk haar woning verlaten. Zij viel haar buren voortdurend lastig, vooral gedurende de nachtelijke uren. De briefjes waren tot daar aan toe, maar het aanbellen en op de ramen bonken veroorzaakten te veel overlast. Betrokkene was ervan overtuigd dat de buren haar wilden laten opsluiten. Uiteindelijk was dat inderdaad het geval. Ik weet nog hoe we haar aantroffen: in elkaar gedoken in een vrijwel lege woning, waarvan ze de ramen had afgeplakt met kranten.

Verdraagzaamheid

Mensen die lijden aan een dergelijke ernstige stoornis zijn niet te benijden. Het is te begrijpen dat rechters en andere autoriteiten medelijden met ze hebben, want zoiets kan ons allemaal overkomen. Gelukkig zien ook de meeste gewone mensen dat in. In de regel wordt een patiënt met de nodige verdraagzaamheid bejegend. Maar wanneer het te belastend wordt, vraagt men om hulp. Gelukkig is die meestal wel beschikbaar.

Frans de V. woonde sinds kort in een flatje aan de Kennedydreef. Frans was een chronische patiënt. Zolang hij zijn medicijnen innam, viel daar best mee te leven, al gedroeg hij zich weleens wat vreemd. Hij kreeg wekelijks bezoek van de sociaal-psychiatrisch verpleegkundige die hem in de gaten hield. Ook kreeg hij hulp van de directe buren. Als Frans slechter werd, belden ze de verpleegkundige, die gelijk actie kon ondernemen. Zo kon Frans onder de mensen blijven wonen.

Draaideurpatiënt

Helaas loopt het niet altijd zo goed af en moet zo'n patiënt gedwongen worden opgenomen, omdat hij een gevaar voor zichzelf en voor zijn omgeving is geworden. Gedurende het verblijf in de inrichting wordt zijn woning dan aangehouden, zodat hij na zijn ontslag weer onderdak heeft. Het is te begrijpen dat de buren soms met angst en beven uitzien naar die terugkeer. Zeker als het al vaker is gebeurd en ze dus te maken hebben met een 'draaideurpatiënt'. Dan wordt druk uitgeoefend op de woningbouwvereniging om de huur op te zeggen. Dat zijn moeilijke beslissingen voor de rechter.

Zo moest ik eens tegen heug en meug de ontruiming uitspreken van een psychiatrische patiënt die zich in de buurt onmogelijk had gemaakt. Niet alleen kon betrokkene daar weinig aan doen, bovendien bemoeilijkte een ontruiming zijn genezingsproces. Immers, na ontslag uit de inrichting zou hij dakloos worden. Maar daar stond tegenover dat zijn buren het niet meer aankonden. De rek was er zogezegd uit, de hulpverlening moest een andere oplossing zoeken.

Oplossing niet moeilijk

Anders dan bij aso's en psychopaten is de oplossing van dergelijke zaken niet zo moeilijk. Iedereen weet direct wat er aan de hand is: de patiënt moet geholpen worden. Het belang van de buren bij een prettige woonomgeving spreekt eveneens voor zich. Nee, als we te maken hebben met zaken van het Type IVb zit iedereen door de bank genomen op dezelfde lijn. Al verschilt men soms van mening over de precieze aanpak. Dan is het de taak van de rechter partijen zoveel mogelijk tot elkaar te brengen.

Zoals in de zaak tegen Hans K., die kort daarvoor was opgenomen in psychiatrisch ziekenhuis Bosrust voor een acute psychose. Hij werd thuis opgehaald, nadat hij brand had gesticht in zijn flat. De buren waren als de dood dat hij daar terugkeerde. Daarom had de woningbouwvereniging een kort geding tegen Hans aangespannen om tot onmiddellijke ontruiming te mogen overgaan. Dat betekende dat de inboedel van Hans zou worden afgevoerd en hij niet meer in de woning terug kon keren. Tijdens de hoorzitting overlegde ik met de advocaten, de vertegenwoordiger van de woningbouwvereniging, de ouders van Hans en de sociaal-psychiatrisch verpleegkundige. We kwamen tot de conclusie dat Hans inderdaad niet te handhaven was. Wel kregen zijn ouders een redelijke termijn om de woning zelf leeg te halen. Bovendien beloofde de woningbouwvereniging te bemiddelen bij het verkrijgen van andere woonruimte, zodat Hans niet op straat kwam te staan als hij weer beter zou zijn.

Maatschappelijke misstand

Een psychiatrische ziekte kan ons allemaal overkomen. Al was het maar omdat we zo door het leven worden geslagen dat onze geestelijke weerstand het begeeft. Het is ook daarom zaak onze zieke medemens zoveel mogelijk te dulden en te helpen. Want als ze uit huis worden gezet, is dat heel vaak de opmaat tot een zwervend bestaan. De stad is vol van zwervers die ooit wegens een geestesstoornis geen onderdak meer vonden. Dat zij uit vrije wil op straat zouden vertoeven, is vaak niet waar. Deze mensen zijn huns ondanks tot de straat veroordeeld, wat een maatschappelijke misstand is.

Minder mededogen verdient de criminele medemens die willens en wetens de regels overtreedt en zich daarbij niets gelegen laat liggen aan zijn buren.

17

De criminele buurman

Stalen rolluiken en camerabeveiliging

Ook onze criminele medemens moet ergens wonen. Hij kan dus zomaar uw nieuwe buurman worden. Vanuit de idealen van de reclassering gezien, is daar ook niets mis mee. Verdient niet elke mens een tweede kans? Helaas is niet iedere veroordeelde van plan zijn leven te beteren. Velen volharden in hun criminele gedrag en verworden tot beroeps- en gewoontemisdadigers. Zelfs de meest sociaal bewogen lezers zullen niet staan te juichen als zo'n persoon zich naast hen vestigt. Gebeurt dat toch, dan raakt men al snel verzeild in een burenconflict van het Type V: de criminele buurman.

Zo was daar de familie Terlinden, die zich sinds mensenheugenis inzette voor een betere wereld. De lieve mensen kregen op een kwade dag Koos H. naast zich te wonen. Deze meervoudig veroordeelde beroepscrimineel had weinig op met gezelligheid. Hij voorzag zijn woning van stalen rolluiken en camerabeveiliging. Sindsdien hing er een grimmige sfeer. De familie Terlinden voelde zich daar niet erg prettig bij.

Huizoeking

Zolang de criminele buurman buitenshuis werkt, zal de buurt weinig last van hem ondervinden. Die weten niet beter of buurman zit in zaken. Hoogstens verbaast men zich over het bestedingspatroon van diens hoogblonde echtgenote. Maar ja, justitie kan altijd roet in het eten gooien, al is het maar voor even. De buurtbewoners vinden het wel spannend, verder kan het ze weinig schelen.

Dat bleek in de Bomenbuurt te D. De hele buurt was in rep en roer, nadat de politie wegens een omvangrijke belastingfraude huiszoeking had gedaan bij buurman Sven W. Sven werd in de boeien afgevoerd en zijn hele administratie in dozen meegenomen. De buren hadden weer eens wat om over te praten. Na een slepend proces werd betrokkene echter vrijgesproken. De omwonenden konden er wel om lachen.

Een kogelinslag in het raamkozijn

Vervelender wordt het als de criminele buurman geregeld onaangekondigd bezoek krijgt van opgewonden concurrenten. Want laten we eerlijk zijn, in die kringen heersen nogal ruwe omgangsnormen. Dus als een boze zakenrelatie aan de deur verhaal komt halen, kan het er heftig aan toegaan.

Een wrang voorbeeld daarvan is de zaak van een vrouw die haar man wakker maakte omdat ze rare geluiden hoorde, veroorzaakt door kogels die bij de buren in het rond vlogen. Na een kort maar hevig vuurgevecht moesten er liefst drie ambulances worden besteld. De eveneens gewaarschuwde politie voerde de overlevenden af voor een kort verhoor. De volgende morgen deed de buurvrouw een merkwaardige vondst bij het ramen lappen. In het raamkozijn van de keuken trof ze een heuse kogelinslag aan.

Angst voor geweld

Nee, daar voelt niemand zich prettig bij. Maar ja, wat doe je eraan? Dat iemand zijn beroep maakt van het plegen van misdrijven is in ons land nog geen reden om hem uit huis te zetten.

Er is mij tot op heden geen geval bekend, waarin de rechter een crimineel tot verhuizing dwong omdat de buren bang waren voor geweld. In sprekende gevallen zou ik echter menen dat daar wel degelijk aanleiding toe kan bestaan. Afrekeningen in het criminele milieu vormen vandaag de dag helaas geen uitzondering meer. In elk geval zag een rechter in Den Haag wel aanleiding om op verzoek van enkele bange buren de bedreigde politica Ayaan Hirsi Ali uit haar huis te zetten. Juridisch moet het dus kunnen, zou men denken.

Thuistelers

Eenvoudiger is het wanneer de criminele buurman zijn illegale werkzaamheden in of vanuit huis uitoefent. Berucht zijn de zogenoemde hennepplantages die door zogenoemde thuistelers worden aangelegd. Met het telen van deze geestverruimende middelen is nogal wat winst te behalen, aangenomen dat de plantjes goed worden verzorgd. De strafrechtelijke risico's zijn daarentegen tamelijk gering.

Vechten tegen de bierkaai

Het patroon is steeds hetzelfde. Allerlei onduidelijke figuren nestelen zich in kinderrijke woonwijken, waar ze brutaalweg een professionele hennepkwekerij beginnen. Op zolder of in een slaapkamer. Compleet met warmtelampen, bevloeiings- en afzuiginstallatie. Betrokkenen lopen tegen de lamp als de buren een rare lucht ruiken en de politie waarschuwen. Ook trekken opzichters van de woningbouwvereniging geregeld aan de bel. De politie doet wat ze kan, maar vaak is het vechten tegen de bierkaai. Strafrechtelijk komen de daders er niet zelden vanaf met een taakstraf.

Brandgevaar
Toch lopen de omwonenden grote risico's, vooral door het brandgevaar. De meeste thuistelers maken gebruik van niet goedgekeurde, zelf in elkaar geknutselde elektrische installaties met sterke lampen en pompen. De stroom wordt 'buiten de meter om' betrokken. Een kind snapt welke gevaren er dreigen, als in zo'n situatie rijkelijk met water wordt gesproeid.

Ervaringsplek voor kleine crimineeltjes
Het is uitermate onprettig wonen naast een buurman die zich overgeeft aan de drugshandel. En wat moet er terechtkomen van de in zo'n buurt opgroeiende kinderen?

Ik denk daarbij onmiddellijk aan de zaak van Abdel H. Hij deed goede zaken met zijn coffeeshop. Zoals bekend kan men daar van alles krijgen, behalve lekkere koffie. Abdel stelde de in die wijk opgroeiende jongens in de gelegenheid om een centje bij te verdienen door hand- en spandiensten voor hem te verrichten. Zijn 'legale' coffeeshop fungeerde als werk- en ervaringsplek voor kleine crimineeltjes. De politie stond machteloos. Ondertussen kreeg Abdel op aanvraag van zijn vluchtelingenwerker wel gewoon een Nederlands paspoort thuis gestuurd.

Een andere wind

Zoals altijd worden de criminele lasten grotendeels gedragen door de kleine man, die wat betreft zijn woonomgeving weinig keuze heeft en is aangewezen op de socialehuursector. Zolang de villawijken van Wassenaar, Heemstede en Laren (Noord-Holland) ongemoeid worden gelaten, is het incasseringsvermogen van onze regenten hoog. Maar het moet gezegd, er waait politiek gezien inmiddels een iets andere wind. Vanuit Maastricht lijkt nu ook in Den Haag het besef doorgedrongen dat drugs niet in woonwijken thuishoren. Nu Amsterdam nog.

Uit de woning gezet

De politie wil hoe dan ook graag helpen. De sociale verhuurders hebben hun verantwoordelijkheid eveneens genomen en treden al geruime tijd keihard op tegen huurders die zich in het gehuurde met teelt van en/of handel in drugs bezighouden.

Een van de eerste zaken betrof een flatwoning waar tijdens een politie-inval een wietkwekerij werd aangetroffen. De huurder werd veroordeeld tot een taakstraf en dacht dat het daarmee gedaan was. Helaas voor hem liet de woningbouwvereniging weten dat zij hem als huurder kwijt wilde. Er volgde een ontruimingsprocedure waarin de kantonrechter de huurovereenkomst inderdaad beëindigde. Onze thuisteler moest op zoek naar andere woonruimte.

Sociaal zwakkeren

Deze daadkracht leidt helaas weleens tot ongemakkelijke situaties. Drugscriminelen weten steeds vaker sociaal zwakkeren te verleiden tot het afstaan van hun woning om daarin hennep te gaan kweken. Betrokkenen krijgen dan een leuk bedragje toegeschoven als zij een oogje dicht willen knijpen, wanneer onbekenden hun zolder of een zijkamertje gebruiken. Deze arme mensen beseffen niet dat zij het risico lopen om op straat te staan als de zaak uitkomt. Dat levert hartverscheurende taferelen op. En de echte boeven blijven buiten schot.

Zo was daar de alleenstaande bijstandsmoeder Marlies P., die zwichtte voor een bedrag van 1.000 euro, haar aangeboden door een onbekende. Ze hoefde alleen maar de zolder ter beschikking te stellen. Een maand later ontdekte de politie daar een henneplantage. Vervolgens wilde de woningbouwvereniging dat Marlies de woning verliet. 'Hoe moet dat dan met haar en haar kindje?' hield haar advocaat de kantonrechter voor. Wat moest hier voorgaan: recht of mededogen? Het werd het eerste.

Behalve enige vuurwapens

Veel te lankmoedig wordt naar mijn smaak soms gereageerd op andersoortige vormen van criminaliteit in of vanuit de woning. De gedachtegang is dat 'nietwoongebonden criminaliteit' moeilijk kan leiden tot een gedwongen ontruiming. De huurder mag dan wel een misdrijf hebben gepleegd, zegt men, maar dat getuigt op zichzelf nog niet van slecht huurderschap.

Zo werd Kees K. bij een politie-inval ruw van zijn bed gelicht. Een huiszoeking leverde volgens de krant weinig op. 'Behalve enige vuurwapens, werd er niets aangetroffen,' wist het plaatselijke suffertje te melden. De rechtbank liet Kees dan ook gelijk weer lopen. Hij bukwam dus weer gezellig terug op zijn woning. De buren vonden dat minder geslaagd, in verband met die vuurwapens. Maar daar kon de woningbouwvereniging weinig aan doen, dacht men.

Niet elke crimineel hoeft te verhuizen

Toegegeven moet worden dat niet elke criminele handeling blijk geeft van slecht huurderschap.

Wat bijvoorbeeld te denken van de meneer die na een mislukte roofoverval 's avonds thuis werd aangehouden. Zijn arrestatie veroorzaakte veel opschudding in de buurt, zoveel was zeker. Maar kon je nu zeggen dat dit de directe woonomgeving raakte? Ik dacht het niet.

Grensgevallen zijn er volop.

Zo behandelde mijn collega een zaak waarin de woningbouwvereniging iemand wilde ontruimen die verderop in de straat met zijn buurman had gevochten. Mijn collega oordeelde dat dit gedrag, hoe abject ook, op zichzelf niets te maken had met het gebruik van de huurwoning. De vechtpartij was daarom geen grond voor een gedwongen ontruiming. Dat werd anders toen betrokkene een week later de ruiten bij de buren had ingegooid.

Juridische middelen beperkt

Een criminele buurman kan een bezoeking zijn. Vanwege de overlast, de gevaren of simpelweg omdat dergelijke mensen de sfeer in de buurt kunnen verzieken. Helaas zijn de juridische middelen daartegen op te treden beperkt. Nog daargelaten of het wel zo gezond is een criminele buurman aan te pakken.

18

Pluriforme conflicten

Een mengvorm

Hoewel we dus zeker onderscheid kunnen en moeten maken tussen de diverse hiervoor beschreven typen burenconflicten, blijken de zaken in werkelijkheid vaak een stuk gecompliceerder. Om te beginnen, stuiten we met grote regelmaat op een of andere mengvorm. Dan hebben we te maken met een conflict dat kenmerken van meerdere categorieën vertoont. Een voorbeeld moge dit verduidelijken.

Buurman Stegeman zette zijn vuilnisbak elke week pal voor de geparkeerde auto van buurman Verhulst. Die was daar niet blij mee, want hij moest die vuilnisbak eerst een stukje verderop zetten, voor hij 's morgens kon wegrijden. Verhulst vroeg Stegeman zijn vuilnisbak voortaan ergens anders neer te zetten. Wat Stegeman weigerde, waarna het bonje was. In de ogen van buurman Verhulst was sprake van gewone burenruzie. Wat hij echter niet wist, was dat Stegeman zich al maanden groen en geel ergerde aan de plek waarop Verhulst zijn auto parkeerde. Die ergernis had inmiddels dusdanige vormen aangenomen dat Stegeman een grondige hekel aan Verhulst had gekregen. Kortom, voor Stegeman was sprake van een relatieconflict.

Langs elkaar heen praten

Indien partijen hun burenruzie anders beleven en inschatten, geeft dat natuurlijk aanleiding tot verdere complicaties. De een snapt niet dat de ander hem niet snapt, en omgekeerd. Als partijen al met elkaar in gesprek raken, praten ze langs elkaar heen.

Ilse P. roddelde enorm over haar buurvrouw Marjan. Laatstgenoemde pikte dat niet en ging verhaal halen. Dat leidde niet tot een vruchtbaar gesprek, omdat het werkelijke motief van Ilse om te roddelen (jaloezie) onbesproken bleef. Eind van het verhaal was dat de dames hun wederzijdse echtgenoten in de strijd gooiden: na een korte woordenwisseling raakten zij slaags.

Hoor en wederhoor

Deze voorbeelden geven aan dat we bij burenruzies te allen tijde bedacht moeten zijn op meerdere oorzaken. Het spreekt daarbij voor zich dat we ons pas een juiste indruk van de aard van het conflict kunnen vormen, nadat we met beide partijen hebben gepraat. Hoor en wederhoor, derhalve. Voor een rechter is dat een open deur, maar menig (rechts)hulpverlener verliest dit helaas volledig uit het oog. De ellende die daarmee wordt aangericht, kan duidelijk worden gemaakt aan de hand van het volgende voorval.

Mevrouw Flink meldde zich bij advocaat mr. De Jong met een klacht over haar buren. Zij betichtte hen van vernielingen aan haar tuin. De advocaat, jong en onervaren, geloofde haar op haar woord en schreef meteen een pittige brief aan de woningbouwvereniging. Hij eiste dat de vereniging iets ondernam tegen de burenoverlast. De woningbouwvereniging wist beter. Door haar vreemde nachtelijke omzwervingen, waarbij ze haar buren lastigviel, stond mevrouw Flink daar al jarenlang genoteerd. Mr. De Jong negeerde deze signalen volkomen en begon een rechtszaak. Maar de woningbouwvereniging sloeg terug en eiste op haar beurt ontruiming van mevrouw Flink wegens structurele overlast. Door zijn onbesuisde optreden riskeerde haar raadsman dat mevrouw Flink dakloos zou worden. Gelukkig wist de kantonrechter de zaak te regelen.

Belangen van de cliënt

Nu weet ik ook wel dat hulpverleners door de geldende gedragsregels niet zomaar even met de tegenpartij in gesprek kunnen gaan. De hulpverleningsrelatie moet zijn gebaseerd op vertrouwen, waarbij de belangen van de cliënt voorop behoren te staan. Maar dat rechtvaardigt nog niet dat men volledig blind is voor de mogelijke andere kant van het verhaal. Daar is niemand bij gebaat en zeker de cliënt niet. Want een op onvolledige feiten gebaseerde diagnose is waardeloos.

Een doodzonde

Het niet horen van beide partijen is in elk geval een doodzonde voor instanties die zich beroepshalve overgeven aan bemiddeling. Een bemiddelingspoging zonder voorafgaande wederhoor slaat nergens op. Sterker, de bemiddelaar die deze beroepsfout maakt, wordt door de andere partij onmiddellijk met de vijand vereenzelvigd. Hij wordt deel van het probleem.

Wijkagent Van der Meer raakte op die manier betrokken bij een burenruzie tussen Suzie M. – een alleenstaande moeder – en haar buurman Cor B., die een drankprobleem had. Cor werd geluidsoverlast verweten. De agent raakte na een gesprek met Suzie direct overtuigd van haar gelijk. Dat liet hij Cor B. dan ook weten. Diens verweer deed hij af als dronkemanspraat. Later bleek ook Suzie geen lieverdje te zijn. Maar toen was de zaak al zo geëscaleerd dat partijen uit elkaar gehaald moesten worden. De tegen de wijkagent ingediende klacht werd gegrond verklaard.

Van kleur verschieten

Een bijzondere complicatie doet zich voor als een bepaald conflict in de loop van de tijd van kleur verschiet. Bijvoorbeeld als een gewone burenruzie (Type I) na enige tijd muteert in een relatieconflict (Type II). Of zelfs in Type IVb, waarbij inmiddels sprake is van een (tijdelijke) geestesstoornis. Dat laatste doet zich in de praktijk vaker voor dan u misschien dacht.

Zo waren twee buren verwikkeld in een slepende ruzie die begon met een opbouw. Omdat dit probleem onopgelost bleef en het conflict maar door kankerde, gingen partijen elkaar diep haten. Uiteindelijk raakte een van de buren zo overspannen dat hij aan de pillen moest. Ook die bleken op een gegeven ogenblik niet meer te helpen, want op een kwade dag gooide de overspannen buurman een molotovcocktail over de heg.

Escalatieladder

In zaken als deze spreek ik van het beklimmen van de Escalatieladder. Doordat een bestaand conflict niet dan wel onvoldoende wordt opgelost, escaleert het naar een zwaardere categorie. Uiteindelijk komen we dan terecht in een situatie waarin partijen elkaar totaal overspannen naar het leven staan. Hulpverlenend Nederland kijkt ernaar, ziet het gebeuren en doet niets. De politie mag de brokken opruimen.

Aan het vleesmes

Zoals in de zaak van de familie Bleeker. Die kwam

naast Harry S. te wonen, een eenzame man die een teruggetrokken leven leidde. Om een of andere reden voelde Harry zich door hen bedreigd, waarna hij ze ging terroriseren. Daarbij ging hij erg ver. Zoals die keer dat hij hun kat vergiftigde. Harry had een psychopathische persoonlijkheid, maar de Bleekers vonden nergens gehoor met hun klachten. Mevrouw Bleeker belandde in een ernstige depressie. Haar echtgenoot raakte mede daardoor dusdanig overstuur dat hij Harry in een vlaag van verstandsverbijstering met een vleesmes te lijf ging.

Dat is wel een erg heftig voorbeeld. In de praktijk loopt het gelukkig zelden zo slecht af. Hetgeen echter geen reden is om lacherig te doen over zulke escalaties. Het is intriest te noemen als een keurige huisvader of -moeder door toedoen van de buren psychisch dermate ontregeld raakt dat hij of zij daardoor in een politiecel belandt.

Meer aandacht voor gevaar van escalatie

Ik pleit er dan ook voor veel meer aandacht te besteden aan het gevaar van escalatie tijdens de loop van een burengeschil. Het is menselijk bij een ruzie primair te kijken naar wat er gebeurd is. Maar minstens zo belangrijk is het in de gaten te houden wat er wellicht nog te gebeuren staat.

Zoals in de zaak over een carport. Nadat de buurman zich tevergeefs had verzet tegen de bouw, sloegen partijen aan het procederen. De gemeente werd daar tegen haar wil bij betrokken. De procedures gingen over het bestemmingsplan, de bepalingen van welstand en vooral de beroepstermijnen. Maar betrokkenen ervoeren een geheel andere werkelijkheid. Hun relatieconflict verdiepte zienderogen, een van hen begon zelfs neurotisch gedrag te vertonen. Hij ging zijn buurman met camera's in de gaten houden en hield een logboek bij van diens 'misdragingen'. Dat kreeg de rechtbank niet te horen. Wel dat de een de ander uiteindelijk in elkaar had geslagen.

Compos mentis

Als (rijdende) rechter ben ik meermaals geconfronteerd met ruziemakende buren van wie men zich in gemoede kan afvragen of ze nog wel 'compos mentis' waren. Dan heb ik het niet over echte geesteszieken, maar over gewone mensen die er niet meer tegen kunnen. Die eraan onderdoor dreigen te gaan. Het trieste is dan dat ze door hun inmiddels afwijkende gedrag ook nog eens de schuld krijgen van de hele ruzie.

Toen ik bij gelegenheid van een gerechtelijke bezichtiging aanbelde bij de heer Teulings, werd opengedaan door een verwilderd uitziend heerschap. De waanzin stond in zijn ogen te lezen. 'Die vent spoort echt niet,' had de nogal dominante tegenpartij reeds laten weten. Dat mocht best waar zijn, ik bleef op mijn qui-vive. Haalde mijn zegsman oorzaak en gevolg niet door elkaar?

Ik sluit de bespreking van de diverse door mij onderscheiden typen burenconflicten af. Deze typologie is geen panacee of wondermiddel voor de behandeling van burenruzies, maar veel meer een hulpmiddel dat dienstig kan zijn bij het stellen van een juiste diagnose. Een juiste diagnose is immers het halve werk bij de oplossing van burenconflicten.

19

Eigen rechter spelen

Eerst tot tien tellen

Wanneer u wordt geconfronteerd met een vervelende buurman, zult u een keuze moeten maken. Ofwel u doet helemaal niets en hoopt dat het vanzelf overgaat. Dan wel u onderneemt actie, in de hoop dat u het probleem daarmee uit de wereld helpt. Wat u ook besluit, doe het niet overhaast. De ervaring leert dat de meest verschrikkelijke burenruzies te vermijden waren geweest als betrokkenen even tot tien hadden geteld voordat ze tot actie overgingen.

De nieuwe buren van de familie Kooistra bleken in het gelukkige bezit van een kloeke caravan. Die verscheen daags na de verhuizing bij hen voor de deur. Kooistra zag de bui al hangen. De volgende morgen belde hij dan ook gelijk bij de nieuwe bewoners aan, om ze luid en duidelijk te vertellen dat dit niet de bedoeling kon zijn. Deze overhaaste actie werd door laatstgenoemden als hoogst onaangenaam ervaren. Al was het maar omdat hun caravan de volgende morgen naar de winterstalling ging.

Niets doen, soms de beste reactie

Meestal is niets doen vooralsnog de beste reactie. Beter dan er gelijk op af te stuiven is het om even de kat uit de boom te kijken, af te wachten hoe de zaken zich ontwikkelen. Heel vaak lost het probleem zich dan vanzelf op.

Toen vader en moeder Karremans voor een lang weekend waren vertrokken, maakten hun twee tienerzonen er thuis een zootje van. De geluidsapparatuur ging op tien, het was een komen en gaan van jeugdig bezoek. Hoe moeilijk ook, de buren wisten zich te beheersen. Ze zaten het weekend uit en werden nog de beste vrienden met de buren.

Liever de kop in het zand

Helaas is stilzitten niet altijd de beste oplossing. Al is het maar omdat de overlast niet ophoudt. Toch kiezen veel mensen ook dan nog voor nietsdoen. Ze zijn bang dat het nog erger wordt, dus steken ze liever hun kop in het zand. Wij weten uit ervaring dat dit averechts kan werken. De overlast veroorzakende buurman gaat steeds verder. Hij denkt dat zijn slachtoffer een slappeling is, waarmee hij gemakkelijk een loopje kan nemen.

Zoals het geval was bij Youssef el B., die het gezamenlijk trappenhuis gebruikte als privéopslagruimte. Buurman Karels negeerde voor de lieve vrede de daardoor veroorzaakte overlast, al moest hij zowat over de troep heen klimmen om zijn voordeur te bereiken. Youssef begreep dat hij van Karels niets te vrezen had. Op een kwade morgen kon Karels er echt niet meer langs. Een voorzichtig verzoek om wat ruimte te maken, ketste af op een scheldkanonnade van Youssef.

Tact is een eerste vereiste

Kortom, op een gegeven ogenblik komt u er niet meer onderuit, tenzij u uw verdere leven in lijdzaamheid wenst te slijten. U moet wat ondernemen. Het spreekt voor zich dat een goed gesprek het uitgangspunt is. De meeste mensen zijn heel wel vatbaar voor rede. Als ze dat niet zijn, zal dat tijdens zo'n gesprek snel duidelijk worden. Tact is bij dit alles een eerste vereiste. En het besef dat er misschien ook op uw gedrag wel wat valt aan te merken.

Nadat de buren een vijver met fontein hadden aangelegd, kon mevrouw Niemann niet meer slapen. Want de fontein stond ook 's nachts te klateren. Daarom ging mevrouw een open gesprek aan met de buren. Zij wilden de fontein 's nachts best uit doen, maar vroegen op hun beurt of mevrouw Niemann voortaan niet de hele dag in de tuin mobiel wilde telefoneren. 'Want u heeft een beetje een schelle stem,' verduidelijkten zij hun verzoek.

Als praten niet meer helpt

Als praten niet meer helpt of als de buren een gesprek uit de weg gaan, moeten er andere maatregelen worden genomen. Verstandige mensen roepen daarvoor de hulp van derden in. Sommigen willen echter hun eigen boontjes doppen en gaan over tot enigerlei vorm van eigenrichting. Dat is juridisch en soms ook moreel zeer bedenkelijk, maar het werkt vaak wel.

Na drie keer tevergeefs vragen bleek buurman Davids nog steeds niet van plan om iets te doen aan de wild woekerende wilgenboom in zijn achtertuin. Daardoor zaten zijn buren op zomerse dagen constant in de schaduw. Nadat Davids van een korte vakantie huiswaarts keerde, zag hij dat de wilg was verwijderd. Omgezaagd! Een korte stomp markeerde de plaats delict. De politie tastte in het duister, de buren zaten lekker in de zon. Ze wisten van niets, zeiden ze.

Morele paniek

Hoe onrechtmatig ook, als de zaak helemaal vastzit kan eigenrichting nu en dan enige verlichting bieden. Daarbij moeten we wel beseffen dat de gewone man op dat gebied wat minder benepen is dan de intelligentsia. Wie dat niet gelooft, moet maar eens een voetbalwedstrijd bezoeken. Waarmee ik maar wil zeggen dat we niet onmiddellijk in grote morele paniek moeten geraken wanneer een boze buurman eens een keertje een rake klap uitdeelt. Sterker nog, die ene oplawaai zou wel eens de opmaat kunnen vormen tot een herstelde burenrelatie.

Buurman Tony zat nu al maanden lang te zeuren over de kinderen van buurman Henk. Ze konden geen goed doen. Tony bleef maar schelden en klagen. Nadat hij de vrouw van Henk in de supermarkt schreeuwend had aangereden met zijn boodschappenwagen, waren de rapen gaar. Henk kwam verhaal halen. Na een felle woordenwisseling haalde hij flink uit, waarop Tony bij de eerste hulp zijn neus moest laten rechtzetten. Henk moest voor dat geintje 300 euro boete betalen. Tony was ondertussen tot het besef gekomen dat hij moet dimmen. De rust in de straat was hersteld.

Het recht in de vorm van een hockeystick

Het hiervoor besproken geval maakt duidelijk dat de overheid niet van eigenrichting gediend is. Dat is alleszins begrijpelijk, want eigenrichting (ofwel: eigen rechter spelen) leidt gemakkelijk tot misbruik. Bovendien lokt de ene geweldsdaad de andere uit en voor je het weet is het hele land met elkaar in oorlog. Het geweldsmonopolie berust niet voor niets bij de staat. Wie daaraan wil tornen, vindt politie en justitie op zijn weg. Dat leidt helaas wel eens tot merkwaardig machtsvertoon, waar diezelfde overheid eerst werkeloos toekeek hoe een loopje met het recht werd genomen.

Bewoners van de Leliestraat hadden al geregeld geklaagd over hasj rokende hangjongeren in hun portiek. De politie was weleens langs geweest om ze weg te sturen, maar daar hadden deze pubers geen boodschap aan. De overlast bleef. Toen oma Kersbergen door een van die jongens voor haar eigen deur werd beroofd, was de straat het even helemaal zat. Peter B. nam samen met ene Benny S. het recht in eigen hand. Dit in de vorm van een hockeystick, waarmee de jongens uit het portiek werden verdreven. De politie reageerde deze keer wel adequaat. Binnen het uur zaten Peter en Benny in de boeien achter in de surveillancewagen.

Falend overheidsgezag

Waar het op neerkomt is dat eigenrichting – hoe afkeurenswaardig ook – in veel gevallen een symptoom is van falend overheidsgezag. Als de politie geen tijd heeft voor een burenruzie, gaan de mensen zelf aan de slag. Soms letterlijk. Maar laten wij de politie niet te hard vallen, die kan niet overal tegelijk zijn. En is het geen illusie dat de politie alle problemen voor ons kan oplossen? Dat begrepen de mensen vroeger misschien beter dan tegenwoordig.

In mijn kindertijd, die ik gedeeltelijk doorbracht in een Haagse volkswijk, hadden wij een hond. Kennelijk had die ergens in de straat gepoept, want een buurvrouw had de hondenpoep bij ons door de brievenbus geduwd. Een familielid was daar zo verbolgen over dat hij deze dame – die geen dame was – de poep onder haar neus wreef. 'Wacht maar tot mijn man vanavond thuiskomt,' dreigde ze. Nou, die had helemaal geen zin in een robbertje vechten. En de politie voelde evenmin grote aandrang om in te grijpen.

De civiele gevolgen

Voor diegenen die na lezing van het voorgaande tot de overtuiging mochten zijn gekomen dat enige vorm van eigenrichting ook in hun geval een oplossing zou kunnen bieden, past een ernstige waarschuwing. Niet alleen krijgt men de politie op zijn dak, maar voorts moet men rekening houden met de civiele gevolgen. Als er wat te halen valt, is er immers altijd wel een advocaat te vinden die daarbij een handje wil helpen.

Bij een ruzie over het knippen van de heg had Evert G. zijn buurman Arie met trap en al diens tuin ingeduwd. Sindsdien klaagde Arie over een uitstralende pijn in de onderrug. Zijn advocaat voorzag een blijvende arbeidsongeschiktheid en stelde Evert aansprakelijk voor de financiële gevolgen. Bij wijze van voorschot op de verwachte schadevergoeding liet de raadsman zelfs beslag leggen op de woning van Evert.

Nee, dan maar liever naar de politie. Toch?

20

Is de politie je beste vriend?

Als vluchten nog kan

Hoe begrijpelijk ook, eigen rechter spelen is in beginsel verboden. Daarom moet u uw handen thuishouden, tenzij de buurman u letterlijk naar het leven staat. Zelfverdediging is wettelijk toegelaten, maar de lat ligt hoog. Waar vluchten in redelijkheid nog mogelijk is, mag men zich volgens de meeste rechters niet beroepen op zelfverdediging.

Govert C. bedreigde Mohammed L. met een mes. Mohammed rende daarop naar huis om een honkbalknuppel te halen. Het mes miste doel, maar Mohammed sloeg raak. Een eerlijk tweegevecht, wisten de buren, maar Mohammed kreeg toch een taakstraf. Volgens de rechter had hij veilig thuis kunnen blijven. Van zelfverdediging was geen sprake.

Eerst 112 bellen

Indien u bedreigd wordt, moet u 112 bellen. De politie komt u dan helpen. In afwachting van haar komst blokkeert u de deur. Weet de buurman deze te forceren, dan mag u alsnog handelen.

Na een scheldpartij in de achtertuin kwamen Fred en Sandra om buurvrouw Chantal een lesje te leren achterom. Zij verschanste zich in de keuken, terwijl haar echtgenoot de politie belde. Die had evenwel te kampen met een iets verlengde aanrijtijd. Fred en Sandra wisten in de tussentijd de keukendeur te forceren, waarachter Chantal zich veilig waande. Zodra Fred zijn kop door de deuropening stak, kreeg hij een pan met kokende soep over zijn hoofd. Zelfverdediging? De officier van justitie was niet overtuigd. De rechter gelukkig wel.

Dappere dienders

In noodgevallen zal de politie zo snel mogelijk komen. Deze hulpverlening is opgedragen aan de dappere dienders van de uniformdienst. Deze eerstelijns politie-inzet is evenwel niet bedoeld voor langdurige burenbemiddeling. Voor nazorg wordt men in de regel doorverwezen naar de wijkagent.

Een ruzie over een verdwenen vuilniscontainer in de Van der Helststraat escaleerde tot een heuse vechtpartij. Buurvrouw Soraya en buurvrouw Dieneke trokken ieder aan dezelfde container. Hun wederzijdse echtgenoten trokken aan elkaar, waarbij uiteindelijk rake klappen vielen. De gewaarschuwde politie wist de vechtenden met gepast geweld te scheiden.

Nadat proces-verbaal was opgemaakt wegens wederzijdse mishandeling, werd de zaak overgedragen aan de wijkagent. Die mocht proberen partijen alsnog met elkaar te verzoenen.

Dit is geen noodgeval

In de beleving van betrokkenen is bij burenconflicten al snel sprake van een crisissituatie. Vandaar dat men dan overgaat tot het bellen van het alarmnummer 112. Maar daarvoor is dat nummer niet bedoeld. De meldkamer zal de beller doorverwijzen naar het algemene landelijke toegangsnummer 0900-8844 (lokaal tarief).

Dat ondervonden de heer en mevrouw Smit, die zich liepen te verbijten over de luidruchtige bouwwerkzaamheden bij de buren. ‘Ik houd het niet meer uit,’ huilde mevrouw Smit, waarop haar man 112 belde. De meldkamer was daar niet blij mee. ‘Dit is geen noodgeval, meneer,’ kreeg Smit te horen. Hij moest 0900-8844 bellen. Daar beloofden ze hem een wagen langs te sturen. Dat gebeurde. De agenten maanden de buren aan de werkzaamheden voor zonsondergang te beëindigen.

Een bekeuring geven

De politie kan veel, heel veel. Maar ook zij kent haar grenzen. Zo kan de wijkagent wel bemiddelen, maar afdwingen kan hij niets. Behalve dat hij een bekeuring kan uitschrijven als een van partijen zich blijft misdragen.

Wijkagent Vreeman werd in eerste instantie te hulp geroepen omdat twee buren elkaar naar het leven stonden. Het ging over jankende honden en stankoverlast, veroorzaakt door uitwerpselen in de achtertuin. Vreeman probeerde partijen tot elkaar te brengen, wat helaas niet lukte. De hondenvriend bleek niet bereid iets te doen aan de overlast, waarop Vreeman een bekeuring uitschreef. De algemene politieverordening verbood het veroorzaken van geluidsoverlast door blaffende honden.

Betrouwbare getuige

Ook al weet de wijkagent geen verzoening te bewerkstelligen, toch kan hij een belangrijke rol spelen in het vervolgtraject. Als geen ander is hij immers op de hoogte van wat in de buurt speelt. Vooral als we te maken hebben met een aso is zijn getuigenis goud waard. Hoewel de geldende privacyregels verbieden dat de politie vrijelijk belastende informatie aan belanghebbenden overlegt, kan de wijkagent wel degelijk als getuige worden gehoord in een civiele procedure.

Dat gebeurde in een door mij behandelde zaak over overlast in een flat, veroorzaakt door een onaangename bewoner. De politie moest veelvuldig langskomen vanwege alle klachten. De woningbouwvereniging begon een uitzettingsprocedure. De politie mocht omwille van de privacy slechts mondjesmaat informatie verstrekken. Maar door mij als getuige gehoord, moest de wijkagent open kaart spelen. Ik was al snel overtuigd: de klachten waren gegrond.

Harde actie

Veel mensen koesteren de misplaatste verwachting dat de wijkagent zich aanstonds aan hun zijde zal scharen, dat hij de vervelende buurman wel even tot de orde zal roepen. Men is dus niet zozeer uit op een bemiddelingspoging, als wel op harde actie richting de buurman. Zo gauw blijkt dat de wijkagent zijn eigen conclusies trekt, zijn de rapen gaar. Dan heeft de politie het gedaan.

Mevrouw Siebenga had de hulp van de wijkagent ingeroepen, omdat buurvrouw Miedema haar wasgoed zou bevuilen. Tijdens een eerste gesprek met de wijkagent benadrukte mevrouw Siebenga dat 'die van Miedema' niet deugde en de buurt omlaag haalde met haar ordinaire gedrag. Zij sommeerde de verbaasde politieambtenaar onmiddellijk actie te ondernemen. Nadat de wijkagent had laten weten toch eerst even de andere kant van het verhaal te willen horen, zegde mevrouw Siebenga onmiddellijk het vertrouwen op. Op hoge poten verliet zij het bureau en diende de volgende dag wegens 'partijdigheid' een klacht in tegen de wijkagent.

Hulpverlening aan de vijand

Het grootste gevaar voor de wijkagent is dat hij wordt ingezet als handlanger om de buren aan te pakken. Want de politieambtenaar die zich voor het karretje van een van de partijen laat spannen, wordt zelf deel van het probleem. Maar kiest hij voor een meer objectieve aanpak, dan wordt dat door de klager al snel gezien als hulpverlening aan de vijand. Het is dus nooit goed.

Op zondagmorgen belde de heer Stam de wijkagent. Of die even naar 'de boom' wilde komen kijken. Het bleek dat buurman Molenaar iets te drastisch aan het snoeien was geweest. De wijkagent liet blijken dat ook hij het resultaat niet erg geslaagd vond, wat Stam hoopvol stemde over de afloop. Maar navraag bij Molenaar leerde de wijkagent dat Stam categorisch weigerde de boom zelf te snoeien. Partijen wilden niet meer met elkaar praten. De wijkagent oordeelde dat het hier een civiele zaak betrof en verwees betrokkenen naar een advocaat. Stam verweet de wijkagent daarop in een klachtenprocedure dat hij zich voor het karretje van Molenaar had laten spannen.

Trommelen op het drumstel

Gelukkig gaat het ook geregeld goed en weet de wijkagent de mensen enigszins tot elkaar te brengen. Vaak horen de betrokkenen van hem voor het eerst het verhaal van de buren.

Fransen en Dubois maakten ruzie over de zoon van Dubois. Die had namelijk een drumstel voor zijn verjaardag gekregen, waarna hij naar hartelust was gaan oefenen. Dit tot grote teleurstelling van de familie Fransen, die haar rust ruw verstoord wist. Toen de wijkagent langskwam, bleek het volgende. De trommelende zoon was autistisch, hetgeen zijn ouders grote zorgen baarde. Zij hadden daarom letterlijk en figuurlijk grote moeite hem het trommelen te verbieden. Anderzijds werd duidelijk dat de buurvrouw Fransen een ernstige ziekte (kanker) had en daarom veel moest rusten. Na deze informatie bleken partijen opeens wel bereid tot redelijk overleg.

Surveillancewagen op de stoep

De enkele verschijning van de wijkagent is soms voldoende om het vastgelopen burenoverleg vlot te trekken. Al was het maar omdat betrokkenen zich schamen tegenover andere omwonenden. Het wil dan ook zeker helpen als de wijkagent in een opvallende politieauto komt voorrijden.

De heer Vennegoor had zich bij de wijkagent beklaagd over het stookgedrag van buurman Abrahams. Die had de open haard zowat dag en nacht branden, met alle rook- en stankoverlast van dien. Abrahams was niet tot een normaal gesprek bereid. Dat werd anders na een bezoek van de wijkagent, die zijn surveillancewagen pontificaal op de stoep parkeerde.

'Kunt u hem niet ergens anders neerzetten?' vroeg Abrahams schichtig om zich heen kijkend. Maar dat was de wijkagent niet van plan. De hele straat genoot mee.

Hulp aan hen die deze behoeven

Samenvattend kunnen we vaststellen dat de politie een onmisbare hulp is bij het beslechten van burenruzies. Zowel de eerste lijn (alarmnummer) als de tweede lijn (wijkagent). Maar beseft moet worden dat de politie onpartijdig is en moet blijven. Dat de politie je beste vriend zou zijn, is dus gewoon niet waar. De politie handhaaft het recht en biedt hulp aan hen die hulp behoeven, niet meer en niet minder. Wilt u iemand die er alleen voor u is, dan moet u naar de advocaat.

21

Naar de advocaat!

Gesnurk

Als u het idee heeft dat praten niet meer helpt en dat de politie niets voor u doet, zit er nog maar één ding op: naar de advocaat. Dan moet die het maar voor u oplossen. Soms lukt dat uitstekend.

Zoals in het geval van de familie Bruinsma, die te lijden had onder een bijzonder luidruchtige buurman. Alles wat die man deed, maakte lawaai. Zelfs als hij sliep, hield hij ze nog met zijn gesnurk wakker. Nou kon hij aan dat laatste weinig doen, maar verder was hij evenmin voor rede vatbaar. Het bonken, schreeuwen, ruziemaken en feestjes bouwen ging maar door. En de politie had het opgegeven. Daarop stapten de getergde buren naar een advocaat die een brief op poten schreef, waarin gedreigd werd met een kort geding. Dat bleek te helpen. Vooralsnog deed de buurman het wat rustiger aan.

Veilig achter zijn brede rug

Het fijne van een advocaat is ongetwijfeld dat hij er helemaal voor u is. Terwijl hij de boze buurman aanpakt, kunt u veilig achter zijn brede rug schuilen. Daarbij komt dat hij zich niet zo gemakkelijk opzij laat schuiven. Het uitvechten van conflicten is zijn dagelijks werk.

Nadat een advocaat wegens de vernieling van een beukenhaag namens zijn cliënten een fikse schadevergoeding had geëist, ontstak de buurman in grote woede. Op hoge toon meldde hij zich telefonisch bij de advocaat, die hem kort en bondig van repliek diende. 'U moet gewoon betalen,' stelde de advocaat nuchter vast. 'Anders kunt u een dagvaarding tegemoet zien.'

Emotioneel onder zware druk.

In een proces kunt u er beter niet alleen voor staan. Want laten we eerlijk zijn, in zo'n geval staat u als partij emotioneel onder zware druk. Dan zegt u snel iets verkeerd. Of u vergeet belangrijke informatie te verstrekken aan de rechter. Dat doet uw advocaat dan voor u.

Na een jarenlange strijd over een dakkapel stonden de buren Havik en Flink weer eens voor mij. Ze wilden een vonnis. Buurman Havik was echter zo overstuur dat hij geen zinnig woord kon uitbrengen. Ook zijn tegenstander Flink had last van een dichtgeknepen keel. Gelukkig leden hun raadslieden niet aan spreekangst, waardoor ik toch voldoende informatie kreeg om het gevraagde vonnis te schrijven.

Uurtarief van 200 euro

Nu zijn advocaten in de regel niet gratis te raadplegen. Integendeel, advocaten zijn duur, hoewel ze daar zelf wat genuanceerder over denken. Hoe dan ook, een uurtarief van 200 euro is zeker geen uitzondering. En dan tellen ze ook echt alle uren.

Ik herinner mij de zaak van mevrouw Groenink tegen haar eigen advocaat. Zij had hem aanvankelijk in de arm genomen vanwege een illegale aanbouw bij de buren. In aansluiting op hun eerste gesprek belde ze hem vervolgens dagelijks. Ze was onaangenaam verrast toen die telefoontjes later ook op de rekening verschenen. Dat was bijna vier euro per minuut inclusief btw, maar exclusief de kosten van de door mevrouw gebruikte mobiele telefoon. De deken van de Nederlandse Orde van Advocaten, bij wie Groenink zich beklaagde, kon daar niets onreglementairs aan ontdekken. Ik ook niet. Mevrouw moest deze rekening betalen.

Alle waar naar zijn geld

Advocaten zijn misschien wel duur. Maar dan heeft u ook wat, mag u hopen. Als de zaak echter wordt verloren, slaat de vertwijfeling toe.

‘Helaas,’ liet de advocaat zijn cliënt met gedragen stem weten. ‘U heeft uw zaak verloren. Onbegrijpelijk! De rechter was bevooroordeeld. Aan mij heeft het in elk geval niet gelegen. Ik zou u daarom zeker adviseren in hoger beroep te gaan. Maar wilt u wel eerst nog even de openstaande rekening betalen?’ De cliënt was niet overtuigd.

Gefinancierde rechtshulp

Advocaatkosten kunnen een wezenlijke belemmering vormen om uw gelijk te halen. Procederen is in Nederland het voorrecht van de zeer rijken en de zeer armen. Eerstgenoemden liggen niet wakker van een pittige declaratie, laatstgenoemden komen in aanmerking voor gefinancierde rechtshulp. Onderstaande tabel geeft de grenzen aan waarbinnen u aanspraak kunt maken op die voorziening.

Fiscaal jaarinkomen alleenstaanden	Fiscaal jaarinkomen gehuwden/samenwonenden/ eenoudergezinnen met minderjarige kinderen	Eigen bijdrage
€ 0 t/m € 16.200,-	€ 0 t/m € 22.500,-	€ 94,-
€ 16.201,- t/m € 16.700,-	€ 22.501,- t/m € 23.300,-	€ 148,-
€ 16.701,- t/m € 17.500,-	€ 23.301,- t/m € 24.600,-	€ 255,-
€ 17.501,- t/m € 19.300,-	€ 24.601,- t/m € 27.300,-	€ 449,-
€ 19.301,- t/m € 22.900,-	€ 27.301,- t/m € 32.400,-	€ 705,-

Zoals u ziet, kan het zelfs voor de iets minder armen nog behoorlijk oplopen. Hoe dan ook, de zogenaamde middengroepen vissen achter het net. Zij moeten alles zelf betalen.

De familie Koeman raakte huns ondanks verwikkeld in een rechtszaak met de familie Geesink. De Geesinks zagen rond te komen van ongeveer 1.800 euro bruto per maand. Zij kregen een advocaat 'toegevoegd' en betaalden een eigen bijdrage van 255 euro. De Koemans hadden het wat breder, zij verdienden samen 2.800 euro bruto per maand. Daarom moesten zij hun advocaat zelf betalen, te beginnen met een voorschot van 2.000 euro.

Rechtsbijstandsverzekering

Een rechtsbijstandsverzekering is voor de middengroepen beslist noodzakelijk. Een proces kan uw faillissement betekenen. Zelfs ik als rechter heb om die reden een dergelijke verzekering afgesloten. Er zal maar een wanhopige een proces tegen me beginnen.

Ook de echtelieden Boersma dachten nooit behoefte te zullen hebben aan een advocaat. Ze hadden nooit ruzie met iemand. Dat veranderde toen de heer Kwadijk naast hen kwam wonen. Kwadijk begon zelfs een proces tegen hen. Dat kon hij als AOW'er met enige hulp van een vriend nog wel betalen, want zijn eigen bijdrage voor de advocaat bedroeg slechts 94 euro. Maar dit geintje kostte de Boersma's vele duizenden euro's meer.

Proceskosten

De verliezer van een proces moet de winnaar ook diens proceskosten vergoeden, inclusief de advocaatkosten. Dat klinkt aardig, maar helaas berekent de rechter deze kosten steevast veel te laag. Het verschil moet de winnaar zelf betalen. Bovendien moet hij maar zien hoe hij de kosten op de verliezer verhaalt. Vooral als men de spreekwoordelijke kale kip naast zich heeft wonen, is dat onbegonnen werk.

Na een langdurig proces moest de eerdergenoemde Karels het onderspit delven tegen buurman Vriends. Hij moest ook zijn proceskosten vergoeden, bij elkaar door de rechter begroot op 2.000 euro. Vriends had inmiddels echter al meer dan 5.000 euro aan zijn advocaat betaald. Het drama was compleet toen Karels ook de toegewezen 2.000 euro niet betaalde. Als uitkeringstrekker bood hij niet of nauwelijks verhaal, wist de deurwaarder.

Brokkenmaker

Het is mede vanwege de hoge kosten begrijpelijk dat mensen graag van tevoren willen weten hoe hun advocaat staat aangeschreven. Is hij of zij geen brokkenmaker? Helaas, dat kan men niet weten, tenzij men vaker met een voet in de rechtbank staat. De gewone man moet het hebben van horen zeggen.

'Weet jij niet een goede advocaat?' willen kennissen nogal eens van me weten als zij zich voorbereiden op een proces. 'Ik wil geen knoeier!' Tja, daarover mag ik mij als rechter niet uitlaten. Wat ik wel kan doen, is melden dat mij over die en die advocaat geen klachten bekend zijn.

De laatste wagon

De Nederlandse Orde van Advocaten benadrukt dat zij garant staat voor de kwaliteit van haar advocaten. Dat zal best waar zijn, maar elke trein kent een laatste wagon. Dat geldt ook voor advocaten. En voor rechters, maar dat terzijde.

Gelukkig zijn de meeste advocaten beroepstechnisch best in staat om burenruzies te behandelen. Zo moeilijk zijn die juridisch nu ook weer niet. Toch verdient het aanbeveling om hem op de man af te vragen of hij vaker dit soort zaken behandelt. En zo ja, hoe vaak. Een advocaat kan nog zo knap zijn, als hij zich nog nooit heeft verdiept in het burenrecht is het misschien verstandiger zich tot een confrère te wenden die dat wel heeft gedaan. Indien u besluit toch met de onervaren advocaat in zee te gaan, kunt u wellicht een lager tarief afspreken. Want dat is onderhandelbaar.

Geen overbodige luxe

Procedeert u bij de rechtbank, dan bent u in de regel verplicht een advocaat te nemen. Maar ook in het voortraject is een advocaat veelal geen overbodige luxe. Met een advocaat wordt er tenminste naar u geluisterd. Zoveel is zeker.

Daarmee is niet gezegd dat het inzetten van een advocaat altijd bijdraagt aan de oplossing van een burenconflict. Gaat het om een asociale, criminele dan wel geestelijk gestoorde buurman, dan kunt u niet snel genoeg bij de advocaat zitten. Van goed overleg of een bemiddelingspoging is bij dit type burenconflicten weinig of niets te verwachten. Integendeel, pappen en nathouden leidt alleen maar tot meer ellende. Raakt u echter verwikkeld in een gewone burenruzie of in een relatieconflict (zie hoofdstukken 12 en 13), dan kan het optreden van een advocaat de situatie juist doen escaleren.

Dat besefte achteraf ook de heer Lodewijckz, die zijn buurman Vreugdenhil tevergeefs had verzocht diens bamboestruiken in toom te houden. Hij wendde zich tot een advocaat, die Vreugdenhil een dreigbrief schreef. Nou, dat had hij beter niet kunnen doen, nu waren de rapen gaar. Het werd oorlog. Uiteindelijk voelde Lodewijckz zich zelfs genoodzaakt te verhuizen.

Bemiddelen soms veel beter

Kortom, een advocaat lijkt een probaat middel om een vastgelopen burenconflict vlot te trekken, maar is dat niet altijd. Advocaten kunnen het conflict ook doen escaleren. In veel gevallen verdient een serieuze bemiddelingspoging daarom beslist de voorkeur.

22

Beter bemiddelen

Verzoeningscomparities

Vroeger werden de rechtbanken in ons land overstroomd met hordes echtelieden die een einde wilden maken aan hun vastgelopen huwelijk. Dan werden de zogenaamde verzoeningscomparities gehouden. De bedoeling was dat de rechter partijen probeerde af te houden van onbezonnen stappen. 'Probeert u het nog eens,' was het motto. Nadat de mensen steeds mondiger werden, werkte dat op den duur niet meer. Vandaar dat men deze justitiële bevoogding heeft afgeschaft.

Waar liefde is omgeslagen in haat

Daarmee was geen einde gekomen aan de onverkwikkelijke echtscheidingsprocedures die het rechtsbestel tot op heden blijven teisteren. Waar liefde is omgeslagen in haat, weten mensen elkaar het leven via de rechtbank nog jarenlang te verzieken. Gaat het niet over de kinderen, dan gaat het wel over de alimentatie. Toch hebben we de afgelopen tien jaar een aanmerkelijke verbetering gezien. De meeste mensen weten inmiddels hun echtscheiding zelf te regelen, waarbij men steeds vaker voor echtscheidingsbemiddeling kiest, al was het maar in het belang van de kinderen. En dat werkt.

Klagen, schelden en slaan

Gelet op de bij echtscheidingen bereikte resultaten verbaast het geenszins dat professionele bemiddeling – mediation – ook bij burenruzies wordt ingezet. Zo was daar het geval van het jonge stel dat op driehoog kwam te wonen, pal boven een tweetal oudere heren. De leefstijl van betrokkenen liep zacht gezegd nogal uiteen. Dat ontaardde in klagen, schelden en dreigen. Hoewel moeizaam, wist de buurtbemiddelaar partijen tot elkaar te brengen. Vrienden werden het niet, maar de agressie was over. Men hield voortaan rekening met elkaar.

Grenzen kennen

Zolang het niet gaat om problemen met geestelijk gestoorden of criminelen, kan met bemiddeling vaak een beter resultaat worden bereikt dan met politie en justitie. Maar ook de buurtbemiddelaar moet zijn grenzen kennen.

Nadat de benedenburen herhaaldelijk hadden geklaagd over geluidsoverlast was de bovenbuurman het zat. Zwaar onder invloed van verdovende middelen trapte hij klagers deur in en zette hem een vuurwapen op het hoofd. Later die nacht werd hij door een arrestatieteam opgehaald. Een buurtbemiddelaar heeft hier niets meer te zoeken.

Goedbedoeld prutswerk

Bemiddelen is een vak dat we liever niet overlaten aan amateurs. Aan goedbedoeld prutswerk heeft niemand iets. Gelukkig worden er overal in het land gedegen opleidingen aangeboden. Het Landelijk Expertisecentrum Buurtbemiddeling in Utrecht speelt daarbij een coördinerende rol. Inmiddels zijn er overal in het land buurtbemiddelaars werkzaam. In bijlage 1 van dit boekje vindt u een overzicht.

Zoeken naar een gemeenschappelijk belang

Het voordeel van bemiddeling boven politie- en advocatenwerk laat zich in het kort als volgt samenvatten. De bemiddelaar streeft naar een oplossing waarmee beide partijen vrede kunnen hebben. Hij of zij kiest dus geen partij. Het is telkens zoeken naar een gemeenschappelijk belang. Als dat belang eenmaal is gevonden, kunnen partijen verder.

De families Groenekan en Heyboer lagen al geruime tijd met elkaar overhoop. De oorspronkelijke aanleiding was onduidelijk. De laatste tijd spitste het conflict zich toe op een felle tuinlamp van Groenekan, die in de slaapkamer van Heyboer zou schijnen. Beide partijen deden hun beklag bij de buurtbemiddelaar. Na lang praten kwam die erachter dat alle betrokkenen dol waren op tuinieren. Dat bood een basis voor verdere gesprekken. Uiteindelijk wist de bemiddelaar het voor elkaar te krijgen dat partijen in de zomer – bij langdurige afwezigheid – elkanders gazon sproeiden. De rest ging eigenlijk vanzelf: voortaan werd de tuinlamp 's avonds na tienen uitgeschakeld.

Als u nu een wens mocht doen

De buurtbemiddelaar drijft het conflict niet op de spits. Hij of zij is een vertrouwenspersoon op wie partijen de hoop mogen vestigen een blijvende oplossing te bereiken. Hetgeen precies is wat de meeste mensen eigenlijk willen.

'Als u nu een wens zou mogen doen, wat zou u dan wensen?' vroeg de buurtbemiddelaar eens aan mevrouw Odekerken, die verwikkeld was in een uitzichtloze ruzie met de buurvrouw. 'Dat het over is en voorbij,' verzuchtte Odekerken. 'Dat is nu gek,' riep de bemiddelaar. 'Want wist u dat de buurvrouw precies hetzelfde wil?' Die bevinding bleek een doorbraak. Beide dames gingen ervan uit dat de ander niet wilde opgeven. Een week later werd de vrede getekend.

Kosteloos

Een niet te veronachtzamen voordeel van buurtbemiddeling is dat het niets kost. Dat wil zeggen: echt gratis bestaat natuurlijk niet, maar de kosten worden betaald uit allerlei potjes waaraan ons land zo rijk is. Rijks- en gemeentelijke overheden, woningbouwverenigingen en particuliere stichtingen subsidiëren deze vorm van buitengerechtelijke geschillenbeslechting volop.

Van een uniforme organisatie is echter geen sprake. De buurtbemiddeling vormt landelijk gezien een lappendeken. Het hangt van de plaatselijke initiatieven aan elkaar. Dat is niet erg, want bekendheid met de plaatselijke situatie en cultuur is van veel groter belang dan een gestroomlijnde organisatie. Of dat nog lang zo blijft, is evenwel de vraag. Het zit er dik in dat de managementcultuur ook hier toeslaat en we verrast gaan worden met een grote landelijke organisatie van buurtbemiddelaars. Compleet met dikbetaalde bestuurders, dat spreekt.

Wat heeft het voor zin gehad?

Een groot nadeel van buurtbemiddeling is dat men volledig afhankelijk is van de blijvende medewerking van betrokkenen. Want die medewerking vormt de basis voor elke bemiddeling. Een bemiddelaar die de mensen aan hun haren over de eindstreep moet slepen, is niet goed bezig. Die bereikt niets. Desalniettemin kan het heel teleurstellend zijn als mensen gedurende de rit plotseling afhaken. De partij die wel door wil pakken, blijft met een kater achter. 'Wat heeft het allemaal voor zin gehad?' klinkt het dan. Dan jeuken soms ook de handen van de bemiddelaar.

Een voorbeeld. Na weken van intensieve gesprekken tussen twee ruziemakende families, had een van hen zich bereid verklaard de hond voortaan 's nachts binnen te houden. Zodat die dan niet meer in de tuin lag te janken. Van de ander werd nu verwacht dat hij ophield met klussen op zondag. De zaak was bijna rond toen de klusser zich plotseling terugtrok. Hij zegde het vertrouwen in de bemiddelaar op. Die kon zich slechts met moeite beheersen. Het liefst had hij betrokkene aan zijn nekvel naar de onderhandelingstafel teruggeleid.

Een open einde

Een dergelijk open einde is weinig aanlokkelijk voor wie zich met hart en ziel overgeeft aan bemiddeling. Want als de bemiddeling mislukt, is er nog steeds geen oplossing. Terwijl men die nu juist wil zien te bereiken. Dan moet men alsnog naar de advocaat om een oplossing af te dwingen.

Na jaren van pesten wist de familie Hazelaar haar treiterende buren zover te krijgen dat ze meededen aan bemiddeling. Dat bleek weinig succesvol. De treiteraars grepen de bemiddeling aan voor nieuwe pesterijen. Uiteindelijk gooide de bemiddelaar de handdoek in de ring. Hij verwees de Hazelaars door naar een advocaat, die andere maatregelen nam. Binnen een week of wat stonden partijen voor de kortgedingrechter. Toen die vernam waarom de bemiddeling was mislukt, trok hij zijn conclusies. De treiteraars kregen een fikse veroordeling aan hun broek, compleet met dwangsom. Het lachen was hun inmiddels vergaan.

Niet vrijblijvend

Over de rechter komen we in het volgende hoofdstuk nader te spreken. Nu alvast kan worden onthuld dat deze in de regel ook zelf nog een bemiddelingspoging onderneemt. Met name bij burenruzies blijkt dat het geval. Het grote verschil met een 'echte' bemiddeling is evenwel dat die van de rechter niet vrijblijvend is.

Nadat een rechter in kort geding zuchtend had zitten luisteren naar twee ruziemakende buren die het maar niet eens konden worden over de maatvoering van de nieuwe schutting, stuurde hij ze de gang op. 'Ik adviseer u de bestaande schutting te vervangen door een identieke nieuwe,' liet hij partijen weten. 'Maar als u er toch niet uitkomt, zal ik zelf de knoop wel doorhakken,' voegde hij daar dreigend aan toe. Dat beloofde weinig goeds, vandaar dat partijen het advies maar overnamen.

Geen haarlemmerolie

Bemiddeling bij burenruzies kan heel vaak een goede oplossing bewerkstelligen. Het belang en nut daarvan kunnen dus niet voldoende worden benadrukt. Tegelijkertijd moet u beseffen dat bemiddeling geen haarlemmerolie is, waarmee alle conflicten gladjes weg kunnen worden gemasseerd. Nogmaals: als er een geestelijke stoornis in het spel is, heeft bemiddeling geen zin. Net zomin als bij overlast veroorzaakt door criminelen. Verder is het grootste pluspunt van bemiddeling, vrijwillige medewerking van betrokkenen, tegelijk ook het grootste minpunt. Als een van de partijen niet (meer) wil meewerken, faalt elke bemiddeling. Dan rest nog slechts de gang naar de rechter.

23

De rechter weet raad

Met een vonnis in de hand

Als alle pogingen tot overleg falen en zelfs de advocaat u geen opening meer kan bieden, rest u nog slechts één uitweg: de rechter. In een rechtsstaat als de onze heeft die immers het laatste woord. Althans, dat is de bedoeling. 'Met een vonnis in de hand, komt u door het hele land,' riep de professor ons tijdens zijn colleges altijd toe. De verliezende partij zal aan dat vonnis moeten voldoen. Want anders...

Dat het negeren van een rechterlijk vonnis slecht kan uitpakken, ondervond de heer Broekhof te P. Na een tumultueus verlopen zitting werd hij veroordeeld zijn overlast veroorzakende duiven te verwijderen. Broekhof peinsde daar niet over. Wrokkend bleef hij zijn duiven voeren. Dat had hij beter niet kunnen doen, want de rechter had een dwangsom opgelegd van 500 euro per dag die hij de duiven liet zitten. Drie maanden later was de rekening al opgelopen tot 45.000 euro.

Buurtrechter

Een vonnis krijgt u niet zomaar. Gewone procedures duren lang en zijn zeer kostbaar. Onze wetgever wil helaas niet dat de kantonrechter als buurtrechter alle burenruzies behandelt, waarover straks meer in hoofdstuk 27. Dat is erg jammer, want bij de kantonrechter kunnen gewone mensen ook zonder advocaat terecht voor huur-, arbeids-, consumenten- en kleine incassozaken.

Omdat de kantonrechter snel en vooral goedkoop werkt, heeft de regering bedacht dat hij ook grotere zaken moet gaan behandelen. Tot een waarde van maar liefst 25.000 euro! Maar burengeschillen horen daar niet bij, omdat ambtenaren dat 'te moeilijk' vonden in de wet vast te leggen.

Rechtsweigering

Een extra belemmering om een vonnis te verkrijgen is het feit dat sommige rechters het beslechten van burenruzies beneden hun waardigheid achten. Zij vinden het vervelend dat buren deze ruzies in de rechtbank komen uitvechten. Meer dan eens hoorde ik collega's verzuchten: 'Waarom lossen ze het zelf niet op?' Een enkele keer ontaardt dit in rechtsweigering. Een advocaat vertelde mij over de familie Vreeswijk, die de jarenlange overlast van buurman Kingma zat was. Zij wilden dat hij stopte met zijn onaangepaste gedrag. Omdat Kingma niet voor rede vatbaar was, namen de Vreeswijks mijn zegsman in de arm. Die adviseerde een rechtszaak. Helaas bleek de rechter niet van plan een vonnis te wijzen. Keer op keer stuurde hij partijen de gang op om een regeling te treffen. 'U komt hier gewoon niet weg, voordat u de zaak zelf heeft opgelost,' riep hij hun na.

Gelukkig maken de meeste rechters zich daaraan niet schuldig. Al proberen ze in de regel de mensen alsnog tot elkaar te brengen. Maar als dat niet lukt, doen ze hun rechtersplicht: ze beslechten het geschil.

Grenzen stellen

Daarmee is niet gezegd dat betrokkenen daarmee altijd geholpen zijn. Vooral bij de zogenaamde relatieconflicten is dat steeds de vraag. Het gaat in die gevallen, zoals inmiddels bekend, in de regel helemaal niet om die ongeknipte heg, die verkeerd geparkeerde auto of die geluidsoverlast. Toch mag ook dan niet te snel worden gezegd dat de rechter geen taak heeft. Die heeft hij wel, al was het maar bij het stellen van grenzen.

Dat begreep ik in de zaak van de families Van Beveren en Kohnstamm. Een typisch voorbeeld van een relatieconflict waar telkens nieuwe ruzies bij werden gezocht. De laatste ontwikkeling was dat mevrouw Kohnstamm modder tegen de net gewassen ramen van de buurvrouw gooide. Ik bepaalde dat zij daarmee op moest houden, op straffe van een boete. Een verstandige beslissing, al zeg ik het zelf. Want al werd het werkelijke conflict niet opgelost, er werd wel een grens getrokken.

Slepende procedures

Een civiele procedure kan jaren duren. Dat is heel vervelend. Want als dergelijke procedures gaan slepen, werken ze contraproductief. De rechtszaak wordt zozeer deel van het burenconflict dat hij de oplossing daarvan in de weg gaat staan.

In de zaak tussen Stevens en Kooimans kon niemand achteraf uitleggen hoe een simpele ruzie over het roken van paling in de achtertuin zo kon escaleren. Eerst was er sprake van schelden, toen van trekken en duwen en ten slotte van een heuse rechtszaak. Die sleepte zich maar voort, vooral toen de rechter besloot om getuigen te gaan horen. Nadat ook de gemeente zich in het conflict mengde, raakte de palingroker overspannen en daarna arbeidsongeschikt. Een en ander mondde uit in telkens nieuwe procedures. Niemand kwam er nog uit, alleen het plotselinge overlijden van de palingroker bracht uitkomst.

Kort geding

Veel beter is het als de zaak in kort geding wordt afgedaan. De rechter geeft dan na een summier onderzoek een 'voorlopige' beslissing, zodat partijen direct weten waar ze aan toe zijn. De praktijk leert dat de meeste mensen zich daarbij neerleggen. Geen slepende procedures dus. En laten we eerlijk zijn, een dergelijke snelle procedure voldoet in de meeste gevallen uitstekend. Vooral als de zaak volstrekt helder is.

Dat bleek in het geval van de weduwe Tichelaar, die op een mooie zomermorgen vanuit de slaapkamer zag hoe de buren pal onder haar raam een dakterras bouwden. Dat mocht helemaal niet op die plek. Toen waarschuwen niet hielp, kwam de zaak voor de rechter. Die was er snel klaar mee. 'Een duidelijke zaak,' besliste de magistraat. 'Dat terras is illegaal en mag er dus niet zijn. Afbreken!'

Geen diepgaand feitenonderzoek

Een waarschuwing is hier op zijn plaats. In gevallen waarin de zaak helemaal niet zo duidelijk ligt, zal de kortgedingrechter weigeren een voorlopige voorziening te treffen. Want het is niet de bedoeling dat hij een diepgaand onderzoek gaat instellen naar de feiten en achtergronden.

Daar kwam de familie Jenné achter toen zij een zaak aanspande tegen buurman Keijzer. Laatstgenoemde werd beschuldigd van het professioneel verwerken van vis in zijn huurwoning, wat stankoverlast en ongedierte zou opleveren. Keijzer ontkende bij hoog en laag, waarna de rechter zelf ging kijken. Weliswaar rook het weinig fris in de woning, maar vis(afval) werd niet aangetroffen. De vordering van Jenné tot het beëindigen van de overlast werd afgewezen.

Seksueel vergrijp

Een complicatie doet zich voor als de overlast veroorzakende buurman geen geld heeft. Dwangsommen en boetes maken op zo iemand weinig indruk. Enkel een gedwongen ontruiming, al dan niet gekoppeld aan een straatverbod, lijkt dan nog soelaas te bieden. Bij huurwoningen is dat nog wel een haalbare kaart, maar bij koopwoningen zie ik de rechter een huiseigenaar niet zo gauw tot verhuizing dwingen. Een uitzonderlijk geval staat me nog bij.

Een verstandelijk gehandicapte jongen had zich seksueel vergrepen aan kleine kinderen die bij hem in de buurt woonachtig waren. Toen hij na een al dan niet geslaagde behandeling terugkeerde bij zijn ouders, liepen de buren te hoop. 'Die jongen mag hier nooit meer terugkeren,' eisten ze. De rechter gaf ze gelijk, hoewel dat feitelijk betekende dat ook de ouders van die jongen hun koopwoning moesten verlaten.

Bange buren

Een praktisch probleem doet zich voor bij procedures tegen asociale of criminele buren. Want hoe komt u aan getuigen, als u betrokkene in rechte wilt aanpakken? De meeste andere buren zijn bang bij de zaak betrokken te raken en doen net of hun neus bloedt.

Dan staat u als klager alleen. En de aso-buurman weet u voortaan te vinden.

Abdul J. verstierde al maandenlang het woongenot van zijn directe buren in flatgebouw Rivierzicht. De woningbouwvereniging probeerde na voortdurende klachten een ontruimingsvonnis tegen hem te krijgen, in kort geding. Helaas, slechts de onderbuurman van Abdul durfde zijn nek uit te steken en openlijk tegen hem te verklaren. De andere huurders bleven liever anoniem. Dat was te weinig voor de rechter, hij weigerde de ontruiming. De onderbuurman was zijn leven daarop niet meer zeker en verhuisde zo snel mogelijk.

Tbs met dwangverpleging

Waar het civiele recht tekortschiet, kan het strafrecht een enkele keer misschien nog een oplossing bieden. Het strafrecht biedt in elk geval de mogelijkheid om de onverlaat in persoon aan te pakken, bijvoorbeeld door hem gevangen te zetten. Soms is dat de enige mogelijkheid.

Samson K. had zijn buurvrouw verkracht, nadat hij haar echtgenoot met een mes had neergestoken. Hij werd door de politie overmeesterd en afgevoerd. Na observatie in het Pieter Baan Centrum werd hij volledig ontoerekeningsvatbaar bevonden. Hij kreeg een tbs-maatregel met dwangverpleging opgelegd. Zolang hij niet weet te ontsnappen, is de maatschappij tegen hem beveiligd.

Strafrechtspleging onder druk

Maar zoals de krantenlezer maar al te goed weet, staat de strafrechtspleging erg onder druk. Het is te hopen dat de ergste criminelen hun straf niet ontlopen, maar verder probeert een verstandig mens zijn belangen zoveel mogelijk zelf te behartigen via de civiele rechter. Of is er nog een andere oplossing? Ja, die is er: de burgemeester.

24

De burgemeester is de baas

Handhaving van de openbare orde

De burgemeester is belast met de handhaving van de openbare orde binnen zijn gemeente, kunnen we lezen in artikel 172 van de Gemeentewet. Dat doet hij natuurlijk niet zelf, maar hij is wel degene die de politie daartoe de nodige opdrachten kan geven. Als de openbare orde wordt verstoord, kan en moet hij ingrijpen. Dat wordt niet door iedere burgemeester zo begrepen.

We kennen allemaal de verhalen over hele gezinnen die uit hun huis worden gepest door groepen agressieve jongeren. De politie kijkt machteloos toe en de burgemeester doet net of hij van niets weet. Pas als de krant aandacht besteedt aan een dergelijk schandaal en de politiek zich met de zaak gaat bemoeien, krijgt de politie opdracht een oogje in het zeil te houden. De jongelui die het gedaan hebben, lachen zich een ongeluk.

Verstoring van het openbare leven

Nu is het natuurlijk niet de bedoeling dat de burgemeester zich met elke burenruzie gaat bemoeien, zelfs al wordt die op straat uitgevochten. De openbare orde is pas in het geding als het openbare leven wordt verstoord.

Zo behandelde ik eens een zaak tussen twee buren die ruzie hadden over een recht van overpad. De ene buur wilde de andere er niet meer doorlaten. Dat had inmiddels geleid tot een handgemeen op de openbare weg. Ik zou menen dat de burgemeester hier geen taak had. Dat werd anders toen overige buren zich met de zaak gingen bemoeien. Er werden vernielingen aangericht in de tuin van de 'boosdoener', terwijl hij op straat voortdurend werd bedreigd.

Geen problemen met moslims

Zolang de pers zich er niet mee bemoeit en de gemeenteraad zich koest houdt, blijken burgemeesters uiterst terughoudend in dit soort gevallen. Dat heeft een reden. Omdat wij in Nederland geen gekozen burgemeester kennen, is deze 'slechts' verantwoording verschuldigd aan de gemeenteraad. Weliswaar kan die de burgemeester formeel niet ontslaan, maar de krantenlezer weet beter. Als de gemeenteraad maar genoeg klaagt bij de minister van Binnenlandse Zaken, zal de burgemeester het veld moeten ruimen. Of hij wordt niet herbenoemd, wat uiteindelijk op hetzelfde neerkomt. Een burgemeester die tegen de wens van de gemeenteraad optreedt tegen ordeverstoringen, loopt dus gevaar zijn baan te verliezen.

Ik las over een familie die ernstig bedreigd werd door een groep islamitische jongeren. Ze scholden, spuugden, dreigden en sloegen. Ook richtten ze voortdurend vernielingen aan. De politie kwam af en toe langs, als ze gebeld werd. Maar structureel gebeurde er niets, want de burgemeester was huiverig op te treden. Hij vreesde, met een meerderheid in de gemeenteraad, 'stigmatisering van moslimjongeren'. Pas toen de gemeenteraad terugkrabbelde, wilde ook de burgemeester wat gaan ondernemen.

Afrikanen belaagd door dorpsjeugd

Het ideaal van een door de koningin benoemde burgemeester die net als zij boven de partijen staat, is lang geleden verloren gegaan. De burgemeester uit de tijd van Swiebertje is geschiedenis. De handhaving van de openbare orde is naar zijn aard een kwestie van gemeentepolitiek geworden. Daar kan de burger soms zijn voordeel mee doen. Als zijn geval politiek goed ligt, zal de burgemeester hem ongetwijfeld komen helpen.

Een Afrikaanse familie werd na het behalen van de vluchtelingenstatus in een huurwoning ergens in een dorp geplaatst. Dat pikte de buurt niet, want de huurwoningen ter plaatse werden sinds mensenheugenis verdeeld tussen in die buurt levende families. De Afrikanen werden daarom belaagd door de autochtone jeugd en dreigden het onderspit te delven. Net op tijd werd de burgemeester verwittigd. Die begreep dat stilzitten hem politiek fataal zou worden en nam onmiddellijk maatregelen. De politie rukte onder zijn bevel uit om de Afrikanen te beschermen. In haar kielzog volgde een rits buurtwerkers die de bewoners tot rede moesten brengen.

Beter af met een gekozen burgemeester

U begrijpt het. Het is uiteindelijk de meerderheid van de gemeenteraad die het beleid van de burgemeester in dezen bepaalt. Dat is merkwaardig, nu de wet toch lijkt uit te gaan van het primaat van de burgemeester. Dit zou radicaal veranderen als we een gekozen burgemeester kregen. Dan zou de handhaving van de openbare orde ongetwijfeld een belangrijk onderdeel worden van de verkiezingsstrijd. Ik denk dat veel burgemeesters in dat geval meer zouden gaan handhaven dan thans het geval is.

Een blik in de verre toekomst. Er is een heftige verkiezingsstrijd losgebarsten om het burgemeestersambt van Amsterdam. De beide kandidaten beloven hard op te treden tegen drugsoverlast, straatterreur en buurthufters. Uiteindelijk wint Ismaël ben Youssoef de verkiezing met de leus: 'De straat is van ons allemaal!'

Met de dikke vinger doorverwezen

Nu horen wij burgemeesters vaak verzuchten dat zij zo weinig mogelijkheden hebben. Met de dikke vinger wordt verwezen naar autoriteiten die het allemaal veel beter zouden kunnen.

Zo gingen winkeliers in de F-straat gebukt onder zogenaamde kleine criminaliteit. Hun winkels werden geregeld leeggestolen door op straat rondhangend gespuis. De burgemeester zei niet te weten wat hij hieraan zou kunnen doen. Voor het doen van aangifte werden betrokkenen doorverwezen naar de politie. Die schopte de verdachten na een kort verhoor met een dagvaarding weer de straat op. Welke straat? Juist, de F-straat.

Driehoeksoverleg

Natuurlijk heeft de burgemeester gelijk als hij meent dat hij een dergelijk probleem niet in zijn eentje kan oplossen. Maar dat hoeft hij ook niet. De Politiewet voorziet immers niet voor niets in het zogenoemde driehoeksoverleg tussen burgemeester, officier van justitie en politiechef. Met zijn drieën kunnen zij wel degelijk een deuk in een pakje boter slaan.

Een grote groep hangjongeren maakte onlangs 's avonds een schoolplein in de S-buurt onveilig. De buurtbewoners durfden de deur haast niet meer uit. In het driehoeksoverleg werd besloten samen op te trekken. De burgemeester kondigde een samenscholingsverbod af, de politie surveilleerde de boel plat en de officier van justitie vervolgde iedereen die toch nog problemen veroorzaakte. Dat hielp. De buurt is inmiddels weer rustig.

Het pand wordt dichtgespijkerd

De Gemeentewet geeft de burgemeester aan aantal verregaande bevoegdheden. Ik wil er twee noemen.

Om te beginnen kan de burgemeester optreden tegen misstanden in voor het publiek openstaande gebouwen, waarbij u vooral moet denken aan cafés, gokhallen, coffeeshops en belwinkels. Wanneer beroepscriminelen het daar voor het zeggen krijgen of de zaken anderszins uit de hand lopen, kan de burgemeester met harde hand ingrijpen. Desnoods mag hij zo'n gelegenheid zelfs helemaal sluiten.

Een voorbeeld betreft de A-straat te R. De buurt was onaangenaam verrast toen het bruine café op de hoek tot gokhal werd verbouwd. De burgemeester bezwoer een delegatie van ongeruste ouders dat zij niet bang hoefden te zijn voor overlast. 'Er bestaat geen enkele reden tot zorg,' dacht de stadsbestuurder. Helaas had hij ongelijk. De gokhal bleek een broeinest van criminaliteit. Na een steekpartij voor de deur werd de uitbater de wacht aangezegd. Een week later trof de politie toch weer een partij cocaïne aan, die was verstopt op het toilet. Nu was de maat vol: de burgemeester liet het pand dichtspijkeren.

Seksinrichting is vergunningplichtig

Vroeger kon de burgemeester weinig ondernemen tegen misdragingen in niet voor het publiek toegankelijke ruimten, zoals particuliere woningen. Dat de openbare orde rondom zo'n woning werd verstoord, mocht de burgemeester niet baten. Tenzij hij kon terugvallen op een bijzondere wet.

Ik denk aan de flatwoning waarin door de nieuwe bewoonster, heel lang geleden, prostitutie werd bedreven. Nu moet men dat ruim zien, maar de omwonenden ondervonden wel erg veel overlast. Al was het maar door het nachtelijke autoverkeer en de luidruchtige klanten. De burgemeester dacht daar weinig tegen te kunnen ondernemen. Gelukkig wist ik als piepjonge officier van justitie raad. Ingevolge de plaatselijke politieverordening was het exploiteren van een seksinrichting ter plaatse alleen toegestaan met vergunning. En die kreeg mevrouw natuurlijk niet in een gewone woonwijk.

Drugspand gesloten

Ingevolge een speciaal daartoe geschreven wetsartikel heeft de burgermeester sinds enige jaren gelukkig ruimere bevoegdheden gekregen. Hij kan zelfs een particuliere woning sluiten, als daarin misdragingen worden geconstateerd die de openbare orde in de nabije omgeving ernstig verstoren. De wetgever heeft bij het toekennen van deze vergaande bevoegdheid vooral gedacht aan zogenoemde drugspanden.

Dat ondervond Michel S. aan den lijve. Betrokkene genoot naast een bijstandsuitkering ook inkomsten uit de drugshandel. Deze in Nederland helaas niet ongebruikelijke situatie had zijn weerslag op de buurt. Dag en nacht vervoegden zich verslaafden bij Michel om in zijn woning drugs te kopen. Die werden ter plaatse gebruikt, dan wel in naastgelegen portieken. De buurt was ontzet over deze misstand. Nadat de kleine Mischa zich verwondde aan een gebruikte, op straat gevonden injectiespuit was de maat vol. Woedende buurtbewoners belegerden het gemeentehuis met de eis dat werd opgetreden. Dat gebeurde. Uiteindelijk werd het drugspand door de burgemeester gesloten.

Vertrekken is een optie

De burgemeester heeft dus veel meer bevoegdheden dan de meeste mensen (en soms ook de burgemeester zelf) denken. Het is aan de burgerij en de gemeentepolitiek hem daar voortdurend aan te blijven herinneren. Maar genoeg hierover. Ik keer weer terug naar de mensen waarom het telkens gaat: de buren. Uiteindelijk zijn die toch op zichzelf aangewezen. Hulp van derden mag vaak noodzakelijk zijn, de praktijk leert dat die in de praktijk niet wordt gevraagd en/of verleend. Wat moet men als niets blijkt te helpen? Vertrekken is de laatste optie.

25

We gaan verhuizen!

Het roer om

U kent ze wel, die televisieprogramma's waarin betrokkenen huis en haard verlaten om in een ver en liefst warm buitenland een nieuwe toekomst te zoeken. 'Het roer om,' wordt dan geroepen. Waarna we onze avonturiers terugzien op een vervallen boerderij in Frankrijk of in een verlopen horecagelegenheid aan de Spaanse kust. Het zit ze altijd tegen, de ene ramp volgt op de andere. Maar de zon schijnt. Stiekem zouden we mee willen.

Dat verlangen neemt ontegenzeggelijk toe als de buren ons het leven zo zuur blijven maken dat dit stilaan uitzichtloos wordt. Nu hoeft men niet direct te emigreren naar een ver oord om aan dergelijke buren te ontkomen. Verhuizen naar een andere stad is voldoende. Dus bel de verhuisauto maar, zou men denken. Dan is alle leed geleden.

Was het maar zo eenvoudig.

Rake klap

Om te beginnen is er die psychologische barrière. Verhuizen is toch een vlucht. Een teken van zwakte. In elk geval voelt het als een enorme nederlaag. En het ergste is nog dat die vermaledijde buren er precies zo over denken. Die lachen smakelijk in hun vuistje. Of erger nog: ze lachen u in uw gezicht uit. Het is niet voor niets dat juist in die laatste fase van het burenconflict nog wel eens rake klappen vallen.

Zoals bij de familie Romein. Die was, laten we het maar eerlijk toegeven, weggepest door de heer Koetsier – een nare oude man. Toen de verhuisauto al voor de deur stond, kon hij het niet laten zijn buren nog even te jennen. 'Zo, gaan we ervandoor?' klonk het sarcastisch. Het werd meneer Romein zwart voor ogen. Hij verkocht zijn kwelgeest een rake klap, waardoor deze geheel gestrekt ging. Ik heb Romein weliswaar een boete gegeven, maar wel een heel lage.

De vlag hijsen

Sommige mensen menen bij het vertrek van hun buren de vlag te moeten hijsen. Zonder oranje wimpel, dat dan weer wel. Maar onaangenaam blijft het. Ook zij solliciteren naar een explosief afscheid. Zoals de keer dat de vertrekkende buurman lenig in de vlaggenmast van de achterblijvers klom om onze nationale driekleur met geweld te strijken.

Een kunstpenis

Nu is dergelijk vlagvertoon in een dergelijke situatie natuurlijk al vragen om problemen. Maar het kan nog erger. Zo behandelde ik eens het geval van een buurvrouw die een kunstpenis voor het raam had gezet, toen haar gehate buren het bordje 'Te koop' hadden opgehangen. Het spreekt voor zich dat aspirant-kopers zich wel twee keer bedachten als ze de kunstpenis bij de buurvrouw voor het raam zagen staan. Ik heb de politie toen opdracht gegeven in actie te komen. Zij stelden buurvrouw voor de keus: of haar massagestaaf terug in het nachtkastje of een proces-verbaal wegens aanstootgevend gedrag. Ze koos voor het eerste.

In het voorbeeld hiervoor wisten de nieuwe bewoners natuurlijk niet naast wie ze kwamen wonen. Misschien ging het wel beter tussen hen en de buurvrouw. Maar evengoed is het denkbaar dat laatstgenoemde binnen de kortste keren ook weer heibel had met haar nieuwe buren. Men kan zich voorstellen dat deze zich dan flink bekocht voelen. Hetgeen ons brengt op een heikele kwestie. Moet u als verkoper aan de koper melden dat er een onaangenaam persoon naast u woont?

Meldingsplicht?

Er zijn landen in Europa waar deze meldingsplicht inderdaad bestaat. In Nederland ligt het vooralsnog minder duidelijk. Wel heb ik koopcontracten gezien, waarin de verkoper verklaarde dat er – voor zover hem bekend (!) – geen overlast veroorzakende buren naast hem woonden. Daar kan de verkoper op worden afgerekend. Maar wat is overlast in zo'n geval?

Ik denk dat het niet aangaat om te verwachten dat de vertrekkende bewoner uit eigen beweging melding maakt van eerdere problemen met de buren. Ik bedoel, dat was misschien wel typisch iets tussen deze twee families. Er bestaat dan geen gegronde aanleiding om te veronderstellen dat de koper gelijksoortige problemen zal ondervinden. Al was het maar omdat de schuld misschien wel bij de verkoper lag. De koper heeft dan niets te duchten.

Wespennest

Dat ligt wezenlijk anders bij de zogenoemde probleemgevallen, zoals geestelijk gestoorden, asocialen en criminelen. In die gevallen steekt de nieuwe bewoner zijn hand in een wespennest. En dat is schrikken.

Zo hoorde ik van een familie die naast een moeder met volwassen zoon kwam wonen. Achteraf bleek de zoon zwaar gestoord. Zijn moeder hield hem rustig met alcohol. Maar als hij een keertje niet genoeg dronk, ging die jongen over de heg staan schreeuwen. Wist de verkoper hiervan? De andere buren zeiden van wel. Ik meen dat hij dat toch had moeten melden.

Vraag het de verkoper op de man af

Het verdient in elk geval aanbeveling om op de man af aan de verkoper te vragen of hij ooit eerder problemen heeft gehad met de buren. Kan of wil hij die vraag niet beantwoorden, dan weet de koper genoeg. Komt er wel een antwoord, dan zou ik dat schriftelijk laten vastleggen. Blijkt de verkoper dan te hebben gejokt, gaat hij nat.

Zo is mij het geval bekend van een amateurbeeldhouwer die op zonnige dagen altijd in de achtertuin aan het hakken was. Zijn buren werden daar hoorndol van. Maar de beeldhouwer weigerde te stoppen, wat aanleiding gaf tot de nodige ruzies. Uiteindelijk verkochten de klagers hun huis. Desgevraagd lieten zij de kopers weten dat de buurman een rustige en vriendelijke man was. Dat laatste was misschien waar, maar het eerste was een pertinente leugen. De kopers voelden zich terecht bedrogen en eisten een schadevergoeding.

Twee kanten

Het hier besproken probleem heeft natuurlijk twee kanten. Aan de ene kant wil niemand wonen naast een persoon die net de vorige buren heeft weggejaagd. U zou dat in ieder geval graag vooraf willen weten, niet pas nadat u net de hoofdprijs heeft betaald voor uw nieuwe huis. Maar aan de andere kant zult u op uw beurt maar moeten vertrekken vanwege diezelfde buren. Dat wordt wel erg bezwaarlijk als u de koper vooraf moet waarschuwen voor deze vervelende mensen.

Huurders hebben het in zo'n geval een stuk makkelijker. Die zeggen gewoon de huur op en huren verderop een ander huis. Als het om een woning in de vrije sector gaat tenminste, want een socialehuurwoning zegt men minder makkelijk op. Hoe komt men immers zo snel aan een nieuwe, met die lange wachtlijsten? Woningruil is dan de enige optie, zij het dat men dan met een gelijksoortig probleem wordt geconfronteerd. Wie wil er in zo'n geval ruilen en wat krijgt men terug, als men al een slachtoffer vindt?

Slachtoffers moeten verhuizen

Hoe bonter de buren het hebben gemaakt, des te moeilijker het wordt te vluchten. Dat is natuurlijk een onaanvaardbare situatie die het gevolg is van een tekortschietende aanpak van werkelijke probleemgevallen in de buurt. Eigenlijk is het een rare zaak als de werkelijk oorzaak van de problemen kan blijven zitten, terwijl zijn slachtoffers moeten verhuizen.

Hufterbestendige woning

Bij huurwoningen kan de verhuurder het nodige ondernemen. Een huurder die zich schuldig maakt aan structureel wangedrag, kan gedwongen worden ontruimd. In sommige plaatsen krijgt zo iemand dan een nieuwe woning toegewezen, in een woonomgeving waar hij minder kwaad kan. Dat betekent dat hij samen met gelijkgestemden ergens achteraf wordt gehuisvest. Bijvoorbeeld in een hufterbestendige 'containerwoning'. Daarop is uit een oogpunt van stedelijke planning en ethiek (gettovorming) wellicht wel wat af te dingen, maar praktisch is het zeker.

Straatverbod

Bij koopwoningen zie ik zo gauw geen oplossing. Of de rechter zou sneller moeten overgaan tot een straatverbod voor mensen die de buurt terroriseren. Dan mogen ze hun eigen huis niet meer in en zullen ze elders hun heil moeten zoeken. Dat gaat echter wel erg ver en eerlijk gezegd denk ik niet dat de rechter hiermee snel akkoord zal gaan. Dat zou anders worden als de wetgever een nieuwe wettelijke regeling zou maken, vergelijkbaar met de regeling die ik in het vorige hoofdstuk heb besproken. Een burgemeester kan een eigenaar de toegang tot zijn drugspand ontzeggen. Waarom zou een rechter dat, als de buren daarom vragen, dan niet mogen?

Handhaven: de buurtrechter

Hoewel, nieuwe regels zijn misschien helemaal niet nodig. Als we nu eens beginnen met het handhaven van de bestaande regels, door een persoon met gezag in de buurt. Ik laat u kennismaken met de buurtrechter.

26

Help, een rechter in de buurt!

Spreken met de rechter

Het is in ons land wat merkwaardig gesteld met de rechtsbescherming. Wordt men verdacht van een klein strafbaar feit, bijvoorbeeld een verkeersovertreding, dan mag men rekenen op de onverdeelde aandacht van de rechterlijke macht. Het mag dan misschien gaan om een bagatel, dat neemt niet weg dat u desgewenst toch de rechter te spreken kan krijgen.

Ook degene die zich bezwaard weet door het bouwen van een nieuwe snelweg kilometers verderop, zal weinig weerstand ondervinden als hij belet vraagt bij de bestuursrechter. Bij de belastingkamers van de rechtbanken weten ze alles van burgers die naar hartelust doorprocederen over een (vermeend) te hoge taxatie van hun huis, in het kader van de onroerendezaakbelasting.

Zelden of nooit

Maar als het om werkelijke problemen gaat, zoals de

in dit boekje beschreven burenruzies, zien betrokkenen de rechter zelden. En als ze al bij de rechter aanbelanden, is het nog maar de vraag of deze iets voor hen kan of wil betekenen. De redenen daarvoor zijn al besproken. Het is meestal geen onwil, maar onmacht. Maar intussen zien mensen hun leven vergald en kunnen hele buurten verpauperen.

Verlies aan autoriteit

Zoals in het vorige hoofdstuk reeds aangekaart, ligt de oplossing waarschijnlijk helemaal niet in het maken van nog meer wettelijke regels en het lukraak ontwerpen van nog meer ingewikkelde procedures. Waar het naar mijn bescheiden mening aan schort, is dat bestaande regels niet, dan wel onvoldoende worden gehandhaafd. En dat er te veel instanties bij die handhaving zijn betrokken. Fnuikend is ook dat de overheid in het algemeen en handhavende instanties in het bijzonder steeds meer aan autoriteit verliezen.

Nu kunnen we wat dat betreft natuurlijk allemaal naar elkaar blijven wijzen. Maar ik denk dat het zinvoller is als we eerst eens naar onszelf kijken. Ik heb me dan ook afgevraagd wat ik als rechter zou kunnen doen om de situatie te verbeteren. Als dat vraagt om ondersteunende maatregelen van anderen, zoals de wetgever, dan moet dat maar. Maar eerst zijn we zelf aan zet.

Rechter in den vleze

Een belangrijke verbetering zou volgens mij worden bereikt als de rechter zichtbaarder wordt in de buurten. In elke stadswijk en elk dorp van enige omvang zou geregeld een rechter in den vleze zitting moeten houden. Daar zouden gewone mensen met hun problemen terechtkunnen. Ik noem deze rechter voor het gemak de buurtrechter. De taak van deze buurtrechter moet tweeledig zijn: enerzijds zoveel mogelijk bemiddelen, anderzijds zonodig beslissen. Kan de buurtrechter partijen niet tot elkaar brengen, dan hakt hij de knoop zelf door.

Kantonrechter oude stijl

De ouderen onder ons vragen zich misschien af: 'Hadden wij vroeger al niet zo'n rechter?' Inderdaad, in de persoon van de kantonrechter, die een directe opvolger was van de door Napoleon bij ons geïntroduceerde vrederechter. De kantonrechter oude stijl, die zitting hield tot in de uithoeken van ons land, was ruwweg belast met de behandeling van kleine zaken voor kleine mensen. Helaas stelde de veranderende maatschappij andere eisen aan de kantonrechter en is de nadruk sindsdien steeds meer komen te liggen op steeds zwaardere zaken. Voeg daaraan nog toe dat veel oude, kleine kantongerechten de laatste jaren zijn gesloten en u begrijpt dat de kantonrechter nieuwe stijl geen buurtrechter meer is.

Dat is jammer, want er blijft onverminderd behoefte aan een rechter die wel specifiek voor het buurtwerk is aangewezen. Sterker, die behoefte is vandaag de dag groter dan ooit tevoren.

Van alle markten thuis

De door mij gepropageerde buurtrechter moet van alle markten thuis zijn. Familieruzies, burenconflicten, huurgeschillen, kleine criminaliteit, jeugdzorg, verkeersovertredingen, uitkeringen en gemeentelijke besluitvorming kunnen door de buurtrechter worden behandeld. Een probleemgerichte aanpak door een en dezelfde rechter: dat is waar het om gaat.

Ik besef dat dit misschien wat te abstract is. Daarom zal ik aan de hand van een toekomstverkenning concreter proberen uit te leggen wat ik bedoel. In gedachten neem ik u mee naar een zitting van de buurtrechter in de Rotterdamse Tarwewijk. We leven juni 2018.

Rotzooi in het trappenhuis

In de wachtkamer van de buurtrechter die zitting houdt in een voormalig schoolgebouw, heeft zich een tiental mensen verzameld. Als eerste wordt de heer Willems binnengeroepen. Hij heeft ruzie met buurvrouw N'Gomo over rotzooi in het gemeenschappelijk trappenhuis. Mevrouw N'Gomo is niet verschenen. 'Dat gaat niet zo,' beslist buurtrechter Alberto.

Hij geeft de aanwezige wijkagent opdracht mevrouw thuis op te halen.

Spijbelen

In de tussentijd behandelt de rechter de volgende zaak. Het gaat om een meisje dat niet naar school gaat. Verschenen zijn de leerplichtambtenaar, het meisje en haar moeder. De buurtrechter wil weten waarom het meisje niet naar school gaat. Ze blijkt niet te willen. 'Maar je moet,' weet de rechter. Op vordering van de eveneens aanwezige buurtofficier van justitie krijgt het meisje een taakstraf wegens spijbelen. 'En als je hiermee doorgaat, verwijs ik naar de jeugdrechter,' sluit rechter Alberto de zaak af.

Gemeenteambtenaar ligt dwars

Dan is de beurt aan de heer El Youndra. Hij maakt zich erg boos over de gemeente, omdat die hem een vergunning weigert. De betreffende ambtenaar is meegekomen en wordt door buurtrechter Alberto ondervraagd. De rechter probeert de zaak te schikken, maar de ambtenaar ligt dwars. 'Nou,' zegt de rechter. 'Dan zal ik de knoop maar doorhakken. Uitspraak volgende week.' Dat belooft weinig goeds voor de gemeente, weten de mensen op de publieke tribune.

Ik ga zelf kijken
De wijkagent heeft mevrouw N'Gomo inmiddels gevonden. Schreeuwend wordt ze binnengebracht. Klager Willems doet niet voor haar onder. 'Mond dicht,' roept de rechter na hen een tijdje te hebben aangehoord. 'Ik ga beter zelf kijken!' Dat gebeurt. Samen met de wijkagent, buurtofficier van justitie en partijen neemt de rechter poolshoogte. Het blijkt inderdaad een vieze bende, de volle vuilniszakken liggen door ongedierte aangevreten op de trap. De rechter stelt een regeling voor. Die troep moet weg en betrokkenen moeten om de week schoonmaken. 'En zo niet,' dreigt de buurtofficier, 'dan maak ik er een strafzaak van.' De buurtrechter knikt. 'Dan worden er andere maatregelen genomen.'

Spelend kind aangereden
Terug in de rechtbank buigt de buurtrechter zich nog over een aanrijdingszaak. Een buurtbewoner heeft veel te hard door de wijk gescheurd, waarbij hij een spelend kind heeft aangereden. De familieleden van het slachtoffertje eisen genoegdoening en de buurtofficier eist een fikse boete. De buurtrechter doet alles in een hoorzitting af. Betrokkene wordt schuldig bevonden en moet een boete betalen van 750 euro. Verder wordt hij veroordeeld om 1.500 euro smartengeld te betalen aan het kind, dat per slot van rekening een armpje had gebroken.

Gek geworden?

Ik kan me voorstellen dat meelezende justitieambtenaren van het voorgaande grijze haren krijgen. 'Hoe moeten we dat in vredesnaam wetstechnisch in het vat gieten? Dat kan toch helemaal niet, juridisch? Is die man nu helemaal gek geworden?' Dat laatste laat ik ter beoordeling aan meer bevoegden, verder meen ik dat de praktische problemen niet overdreven mogen worden. Het zou in beginsel volstaan als de wetgever de functie van buurtrechter in het leven roept en hem formeel bevoegd verklaard om – in eerste aanleg – alle zaken te behandelen. Met een ruime verwijzingsbevoegdheid naar de gewone rechtbank, dat spreekt. Dan kan hij naar bewind van zaken handelen.

Geen moordzaak behandelen

Natuurlijk is het niet de bedoeling dat de buurtrechter een moordzaak gaat behandelen, of een overnamestrijd tussen twee banken. Dat hij dat formeel gezien misschien wel zou mogen, betekent nog niet dat hij dat ook moet doen. Nee, het is slechts de bedoeling dat de buurtrechter huis-, tuin- en keukenruzies behandelt. Daarbij mag hij niet worden gehinderd door formele wettelijke bevoegdheidsbeperkingen.

Teamwork

Ik gaf al aan dat mijn buurtrechter niet in zijn eentje opereert. De wijkagent en de buurtofficier van justitie noemde ik al. Teamwork, derhalve.

27

Rechtshelpers

Geen eigenheimer

In het vorige hoofdstuk betoogde ik reeds dat de rechtsorde weer zichtbaar moet worden in buurten. Die rechtsorde wordt in mijn plan belichaamd door de buurtrechter. De rechter die geregeld zitting houdt tussen gewone mensen en voor gewone mensen. Het spreekt voor zich dat de buurtrechter geen eigenheimer mag zijn, die het allemaal wel even in zijn eentje gaat opknappen. Nee, de buurtrechter moet samenwerken met andere autoriteiten, die hij als het ware moreel leidinggeeft.

Rijpere rechters

Maar voordat ik op die anderen inga eerst nog iets meer over de buurtrechter zelf. Wat voor persoon heb ik daarbij eigenlijk voor ogen? Geen beginneling die nog niet droog is achter de oren, natuurlijk. Het spreekt voor zich dat we op zoek zijn naar rijpere rechters die kunnen bogen op een ruime ervaring in de eerstelijns rechtspraak. Het goed kunnen omgaan met gewone mensen is belangrijker dan het schrijven van prachtige vonnissen. Sterker, in mijn visie moet de buurtrechter zo min mogelijk schrijven. Als hij al formeel uitspraak moet doen, is dat mondeling. Dat kan worden genotuleerd door een griffier.

Stempelvonnis

Nieuw is die aanpak niet. Bij kleine strafzaken die thans door de kantonrechter en de politierechter worden berecht, bestaat al sinds jaar en dag het zogenoemde stempelvonnis. De rechter doet in die gevallen mondeling uitspraak, waarna wordt volstaan met het simpele invullen van een formulier over het strafbare feit en de strafmaat. Tegenwoordig worden die formulieren door de computer gegenereerd en digitaal verwerkt. Als de politierechter iemand reeds mondeling tot een jaar gevangenisstraf kan veroordelen, zal de buurtrechter toch zeker wel een burenruzie mondeling mogen beslechten?

Helpers van de rechtsorde

Ik keer terug naar het eigenlijke thema van dit hoofdstuk. De buurtrechter staat niet alleen. De rechtsorde wordt niet alleen door hem of haar uitgedragen. De rechtsorde kent om te beginnen zijn officiële rechtshelpers, zoals het Openbaar Ministerie, de politie, de reclassering en de kinderbescherming. Daarnaast dragen ook andere publieke organisaties hun onmisbare steentje bij aan de handhaving van een rechtsorde die synoniem is aan een eerlijke, veilige en menswaardige maatschappij. Al deze organisaties die nu vaak langs elkaar heen werken, zouden op een of andere manier ook betrokken moeten worden bij de buurtrechtspraak. Die zou daardoor een veel bredere, maatschappelijk relevantere functie krijgen in de wijken.

Dat klinkt allemaal nogal hoogdravend, maar dat is niet zo bedoeld. Wat ik bedoel is tamelijk basaal, praktisch en herkenbaar.

Een agent in uniform

Begin ik met de politie. Het lijkt me voor de hand liggen dat de wijkagent intrekt bij de buurtrechtbank. In een afzonderlijk kantoortje, dat natuurlijk weer wel. De wijkagent is de – als zodanig herkenbare – 'sterke arm'. Bij de zittingen van de buurtrechter is de wijkagent in uniform aanwezig. Om de orde te handhaven en om rechterlijke bevelen uit te voeren. Ook gaat hij mee als de rechter op huisbezoek gaat. Een agent in uniform straalt nu eenmaal gezag uit. En als het nodig is, kan hij de handjes laten wapperen. Vroeger was er altijd politie in de rechtzaal. Jongens die vergaten hun pet af te doen, werden daar direct door een agent op aangesproken. Lieden met een grote mond werden op bevel van de rechter door de politie buiten gezet. Kortom, de rechtzoekenden werden geacht respect te tonen. Dat willen we weer terug in Nederland.

Parketstandje

Dan kom ik te spreken over de officier van justitie. Binnen het Openbaar Ministerie wordt al langer gedacht over een buurtofficier die in wijken zitting zou moeten houden om parketstandjes te geven. Dat zijn geen erotische oefeningen, maar ernstige waarschuwingen. Me dunkt dat dit naadloos aansluit op het instituut van de buurtrechter. En voordeel zou zijn dat de buurtofficier ook kleine buurtgebonden strafzaken bij zijn 'eigen' buurtrechter kan aanbrengen.

Kindermishandeling

De Raad voor de Kinderbescherming krijgt steevast het verwijt dat zij zich opsluit in zijn kantoorbunkers en te weinig communiceert met de bevolking. Welnu, daar ligt een gouden kans. In de buurtrechtbank kan best een kamertje voor een medewerker van de Raad worden gevonden. Van daaruit kan met politie, justitie en Bureau Jeugdzorg buurtgericht worden gewerkt. Wat die laatste organisatie betreft: als de Raad voor de Kinderbescherming het goede voorbeeld geeft, denk ik dat Bureau Jeugdzorg snel zal volgen.

Ik gok dat signalen uit de buurt over kindermishandeling dan een stuk sneller tot de bevoegde autoriteiten doordringen.

Koffiehonk

De reclassering heeft het de laatste jaren erg moeilijk gehad, niet in de laatste plaats door de voortdurende bezuinigingen. Een kind kan begrijpen dat wat de reclassering laat liggen, vanzelf weer bij justitie binnen komt rollen. Gedurende mijn opleiding voor de rechterlijke macht heb ik een jaar lang gewerkt bij de reclassering van het Leger des Heils. Ons kantoor was boven het lokale koffiehonk van deze welzijnsorganisatie gelegen, midden in een woonbuurt. De grens tussen reclassering en welzijnswerk was tamelijk poreus. Maar we waren wel aanspreekbaar voor de gewone man. Die kon voor een kop koffie zo naar binnen lopen, en daarna zonder afspraak naar boven. Wat zou het niet geweldig zijn als de buurtrechter, in gevallen waar daartoe aanleiding bestaat, even naar boven kon bellen voor een reclasseringsambtenaar. Over korte lijnen gesproken.

Juridisch Loket

U ziet: de buurtrechtbank wordt een juridisch centrum. Het ligt voor de hand dat het Juridisch Loket, waar mensen tegenwoordig terechtkunnen voor juridisch advies, daar ook feitelijk de loketfunctie gaat vervullen. Daar kan men de mensen dan direct doorverwijzen, liefst binnen het gebouw zelf.

Op sterven na dood

Tot nu toe hebt u wellicht de advocatuur gemist. We hadden toch nog zoiets als de sociale advocatuur? Dat is juist, met de nadruk op hadden, want ook die is vanwege de bezuinigingen op sterven na dood. Het wordt steeds moeilijker een goede advocaat te vinden, die op basis van een 'toevoeging' gesubsidieerde rechtshulp wil verlenen aan de mensen die dat niet zelf kunnen betalen. Als ik goed ben ingelicht, zit hem dat niet zozeer in de beloning zelf, want sociaal advocaten nemen genoegen met een bescheiden salaris. Het gaat vooral om de praktijkkosten. Het zou daarom een stuk helpen als de overheid hun wat dat betreft tegemoet zou kunnen komen. Bijvoorbeeld door het ter beschikking stellen van gratis kantoorruimte en bibliotheekfaciliteiten in de buurtrechtbank. Ik bedoel, als de officier van justitie en de politie mogen inwonen, dan toch zeker de sociaal advocaat. Die draagt toch ook bij aan het handhaven van de rechtsorde? Bijkomend voordeel is natuurlijk dat de klanten toestromen. Waar kun je als advocaat beter zitten dan in de rechtbank zelf?

Een breed aanbod

Zoals hiervoor al aangestipt, blijft het niet bij de officiele justitiële organisaties als we het over rechtshelpers hebben. Nederland kent een breed aanbod van gezondheids-, welzijns- en huisvestingsorganisaties die onmisbaar zijn bij het realiseren van een gezonde leefsfeer in steden en dorpen. Wanneer die zich ook gaan vestigen in de directe omgeving van de buurtrechtbank, is de aanwezigheid van de overheid – of de maatschappij, als u dat liever hoort – compleet.

Iedereen moet meedoen

Mijn gedachten gaan hierbij onmiddellijk uit naar sociale verhuurders die worden geacht de belangen van een behoorlijke huisvesting te behartigen. In de praktijk van alledag werken zij al nauw samen met politie en justitie bij de bescherming van het woonklimaat. Bovendien weet elke welzijnswerker dat veel klanten meerdere problemen tegelijk hebben. Ze leven in onmin met hun buren, hebben huurschuld, gaan gebukt onder lopende strafzaken en mogen hun kinderen niet meer zien.

Buurt- en straathoekwerk

Naast de Raad voor de Kinderbescherming en Bureau Jeugdzorg is er nog een aantal andere organisaties die nauw betrokken zouden moeten worden bij de jeugdzorg in een wijk. Ik noem de jeugdarts en het buurt- en straathoekwerk. Die moeten ook meedoen, dat spreekt.

Zichtbare vertegenwoordiger van de rechtstaat

Al schrijvend ben ik ik me gaan realiseren, dat mijn voorstel tot invoering van een buurtrechter misschien meer overhoop haalt dan ik eerst dacht. Maar dat mag niet worden overdreven. In al zijn simpelheid komt het erop neer dat een rechter de wijken intrekt als zichtbare vertegenwoordiger van de rechtsstaat. Met in zijn kielzog een rits aan andere organisaties die blijven doen wat ze altijd al deden. Maar nu samen.

28

Samen staan we sterk

Hutje op de hei

Samen, dat woord kwam bij het schrijven van dit boek steeds vaker bij me op. Want we leven samen met onze buren, of we dat nu willen of niet. Daaraan kunnen en mogen we ons niet onttrekken. Tenzij we ons vestigen in het spreekwoordelijke hutje op de hei. Hoewel we ook daar uiteindelijk wel weer een keer tegen een verre buurman zullen aanlopen.

Vrede begint bij u in de straat

Het recht eist dat we vreedzaam samenleven met onze buren. Want de vrede begint bij u in de straat. En als daar een staat van oorlog heerst, tast dit het fundament van het grotere geheel aan: de rechtsstaat. Gelukkig kan die rechtsstaat wel een stootje velen. En een lekkere burenruzie hoort er op zijn tijd ook bij. Het zou in elk geval van weinig mensenkennis getuigen als men zou willen aansturen op het geheel uitbannen daarvan. Een beetje ruzie is helemaal niet erg. Dat is menselijk.

Begonnen met het kleine leed

Daarom ben ik dit boekje ook begonnen met het kleine leed. Ik hoopte dat u dat wel aangename lectuur zou vinden. De mensen kijken niet voor niets graag naar *De Rijdende Rechter*. Ik bedoel, dat doen ze echt niet alleen uit honger naar meer kennis van het recht. Nee, een knallende burenruzie bij u in de straat, op de camping of op televisie mag zich te allen tijde verheugen in de onverdeelde aandacht van de kijkers. Ik gokte er daarom op dat u dit boekje in één adem zou uitlezen en daarmee niet zou stoppen toen de beschreven problematiek steeds minder 'grappig' werd. Van lieverlee werd u meegevoerd van heggen en tuinhekjes naar psychopaten en drugshandelaren. Van lieflijke, pastorale ruzietjes naar beklemmende stedelijke buurtterreur.

We kunnen allemaal slachtoffer zijn, of dader

Steeds hield ik daarbij echter de rode lijn van het verhaal in de gaten. Te weten: dat we allemaal buren hebben, maar zelf ook allemaal buren zijn. Als het verkeerd gaat, kunnen we zomaar zelf slachtoffer worden. Of dader. Want als men de mensen vraagt wie er weleens last van zijn buren heeft, antwoordt de overwegende meerderheid bevestigend. Maar vraagt men dezelfde mensen of ze zelf ook wel eens overlast veroorzaken, dan blijft het akelig stil.

Beter tien keer gezwegen

Verder heb ik u als lezer steeds voorgehouden dat u vooral uw verstand moet blijven gebruiken. Beter tien keer gezwegen dan één keer te snel geroepen. Voor het overige staat u er in beginsel alleen voor en moet u in de eerste plaats uzelf helpen.

Verweesde samenleving

Toch heb ik ook aandacht gevraagd voor de taak van de overheid. Naar mijn overtuiging heeft die overheid de gewone man waar het de leefbaarheid in diens woonomgeving betreft veel te vaak in de steek gelaten. Pim Fortuyn (1948-2002) sprak van de verweesde samenleving. Natuurlijk, de overheid is er niet om allerlei gemuts van ruziemakende zeurpieten te faciliteren. Maar als de vrede op straat in het geding is, mag de overheid niet langer wegkruipen.

Ik bied me aan

Ik bied me daarom aan als eerste buurtrechter het land in te gaan. Dat doe ik in zekere zin nu als rijdende rechter al, en dat smaakt beslist naar meer. Misschien ontmoet ik u dus nog weleens, als ik bij u in de buurt kom te werken. Ik zou daarom willen zeggen: tot ziens.

BIJLAGE I

Buurtbemiddeling

Stichting Welzijn De Schoor, Bureau Buurtbemiddeling
Anneke Zwaan, coördinator
Haagbeukweg 153 | postbus 1220 | 1300 BE ALMERE
tel. 036-527 85 85 (alg. nummer 036-527 85 00) | fax 036-527 85 55
e-mail: buurtbemiddeling@deschoor.nl.

Stichting Welzijn Amersfoort, project Buurtbemiddeling
Gerry ten Brummeler, coördinator
Van Assenraadstraat 2 | 3814 BK AMERSFOORT
tel. 033-479 99 30 | fax 033-470 09 88
e-mail: buurtbemiddeling@welzijnamersfoort.nl

AMW Amstelland, Project Buurtbemiddeling Amstelveen
Iris Soerel, coördinator
Fokkerlaan 48 | 1185 JC AMSTELVEEN
tel. 020-641 06 55 | fax 020-640 02 56 | e-mail: isoerel@amwamstelland.nl

Buren/Blankenbergstichting, project Buurtbemiddeling
Mieke Mulder, coördinator
Roeterstraat 174 | 1018 WE AMSTERDAM
tel 020-528 77 82 | fax 020- 622 71 97 | e-mail: 1018buren@blankenberg.nl

Stichting Bemiddeling Amsterdam, project Buurtbemiddeling Ortelius- en Jan Maijenbuurt
Marja van der Kieft, coördinator
Orteliusstraat 76 | 1057 BE AMSTERDAM
tel. 020-689 21 27 | fax 020-589 33 50 | e-mail: m.vanderkieft@welzijndebaarsjes.nl

Stichting Bemiddeling Amsterdam
Titia Frieling, coördinator
Herengracht 220 | 1016 BT AMSTERDAM
tel. 020-689 18 59 | e-mail: bemiddelingamsterdam@dds.nl

Raster welzijnsgroep, project Buurbemiddeling
Yolande Donker Duyvis, coördinator
Postbus 6083 | 7401 JB DEVENTER
tel. 0570-605 385 | fax 0570-605 462 | e-mail: buurtbemiddeling@raster-groep.nl

Stichting IJsselkring, project Buurtbemiddeling
Nel Voermans, coördinator
postbus 658 | 7000 AR DOETINCHEM
tel. 0314-341 919 | fax 0314-392 967 | e-mail: n.voermans@ijsselkring.nl

Polyground, Project Buurtbemiddeling
Erik Feekes, coöordinator
Kerkstraat 2 | 5611 GH EINDHOVEN,
tel. 06-53317331 | e-mail: erik.feekes@polyground.nl

Stichting Welzijn Gouda, Bureau Buurtbemiddeling
Elly Rijnbeek, coördinator
Wilhelmina van Pruisenlaan 419 | 2807 MH GOUDA
tel. 0182-58 49 22 | fax 0182-52 95 38 | e-mail: e.rijnbeek@stichtingwelzijngouda.nl

Stichting Caleidoscoop, Buurtbemiddeling Heerenveen
Ineke Bollema, coördinator
Van Kleffenslaan 1 | 8442 OW HEERENVEEN
tel.0513-629 090 | fax 0513-46 13 18 | e-mail:info@caleidoscoop.net

Stichting Divers, project Buurbemiddeling Oost
Gijs Houwen, coördinator
Postbus 1226 | 5200 BG 'S-HERTOGENBOSCH
tel. 073-612 44 88 | fax 073-613 89 60 | e-mail: g.houwen@divers.nl

Stichting Prisma, Project Buurtbemiddeling
Peter Molter, coördinator
Laan van de Sport 2 | Postbus 396 | 9600 AJ HOOGEZAND
tel. 0598-39 41 48 | fax 0598-39 75 85 | e-mail: info@st-prisma.nl

Leidse Welzijns Organisatie, project Buurtbemiddeling
Janiska de Wolde, coördinator
Bernhardkade 40 | 2316 RX LEIDEN
tel. 06-526 37 119 | fax 071-516 04 79 | e-mail: j.dewolde@LWO.nl

Leidse Welzijnsorganisatie, project Buurtbemiddeling Leidschendam-Voorburg
Paul van den Heuvel, coördinator
Breestraat 117 | 2311 CL LEIDEN
tel. 071-516 81 68 | 06-547 422 48 | e-mail: P.vandenHeuvel@lwo.nl

Merites, project Buurtbemiddeling
John Goossens, coördinator
Klappeijstraat 44 | postbus 4153 | 4900 CD OOSTERHOUT NB
tel. 0162-452689 | e-mail: j.goossens@merites-welzijn.nl

Stichting Welzijn Rijswijk, project Buurtbemiddeling Rijswijk
Peter Priester coördinator
Kerklaan 59 | 2282 CE RIJSWIJK | tel. 070-399 49 24 | e-mail: ppriester@stwr.nl

ROTTERDAM: zie pag. 229 e.v.

Buurtbemiddeling Spijkenisse
Wil Krauweel, coördinator
Wijkinfowinkel de Gilden, Veerman 3 | 3201 GH SPIJKENISSE
tel. 0181-698 066 of 06-12133235 | fax 0181-698 067
e-mail: buurtbemiddeling@spijkenisse.nl

Tilburg 3 West, wijkcentrum 't Sant, project Buurtbemiddeling
Astrid Pocornie, coördinator
Beneluxlaan 74 | 5042 WS TILBURG
tel. 013-467 19 26 | fax 013-463 70 61 | e-mail: pocornie@tilburg3west.nl
Tilburg Noord: coördinator Carolien de Clerck
Tilburg Zuid: coördinator Esther Somers

Cumulus, Project Buurtbemiddeling Overvecht
Frans Verwij, coördinator
Gambiadreef 60 | 3564 ES UTRECHT
tel. 030-261 97 19 | fax 030-262 27 02 | e-mail: f.verwij@wwocumulus.nl

SMOL, project buurtbemiddeling Leidse Rijn
Negin Brouwer, coördinator
't Zand 26 | 3544 NC UTRECHT
tel. 030-662 26 14 | e-mail: N.Brouwer@SMOL.nl

Het Bureau Welzijnsprojecten, project Buurtbemiddeling
Miranda Groen, coördinator
postbus 125 | 3130 AC VLAARDINGEN
tel. 010-435 50 11 | fax 010-435 58 65 | e-mail: m.groen@hbwp.nl

IJsselsteinse Stichting voor Welzijnswerk, project Buurtbemiddeling
Marja van den Sigtenhorst, coördinator
Mr. Abbink Spainkstraat 36 | 3401 ZH IJSSELSTEIN
tel. 030-688 70 30 | fax 030-688 90 63 | e-mail: m.vd.sigtenhorst@ijsw.nl

Stichting Welsaen, Buurtbemiddeling Zaanstad
Inez de Jaegher, coördinator
Jufferstraat 4 | 1508 EB ZAANDAM | Postbus 1030 | 1500 AA ZAANDAM
tel. 075-659 09 09 | fax 075-659 09 10 | e-mail: buurtbemiddeling@welsaen.nl

BOVOS Welzijnsprojecten
Carin Naber, coördinator
Project Buurtbemiddeling
Zuidwaarts 1 | 2711 HA ZOETERMEER
tel. 079-34 66 111 | e-mail: c.naber@bovos.nl

Stichting Welzijn Zutphen, Bureau Buurtbemiddeling
Paul Tijssen coördinator
Postbus 418 | 7200 AK ZUTPHEN
tel. 0575-519 613 | fax 0575-542 938 | e-mail: p.tijssen@welzijnswerkzutphen.nl

TRAVERS (voorheen Stad & Welzijn), Buurtbemiddeling
Marianne Grooten, coördinator
Postbus 1064 | 8001 BB ZWOLLE
tel. 038-421 60 50 | fax 038-423 26 58 | e-mail: m.grooten@travers.nl

ROTTERDAM

Deelgemeente Charlois
Charlois Noord: in doorstartfase
Project Zuidwijk: Fica Djohani, coördinator
Landschapstraat 15 | 2614 WZ DELFT
tel. 015-214 78 90 | 06-53616280 | e-mail: cocon.djohani@wxs.nl

Deelgemeente Delfshaven
Project Nieuwe Westen: Nagihan Koc, coördinator
De Jagerstraat 56 | 3022 VM ROTTERDAM
tel. 010-476 17 20 | 06-411 01 911 | e-mail: nieuwewesten@buurtbemiddeling.org

Project Schiemond: Jacqueline Louter, coördinator
Dempostraat 1 | 3029 CL ROTTERDAM
tel. 010-476 06 73 | 06-20907256 | e-mail: schiemond@buurtbemiddeling.org

Project Delfshaven: Jacqueline Louter, coördinator
Oostkousdijk 4 | 3024 CM ROTTERDAM
tel. 010-286 92 24 | e-mail: delfshaven@buurtbemiddeling.org

Project Spangen: Paula Mosterman, coördinator
Potgieterstraat 14 | 3027 TX ROTTERDAM
e-mail: spangen@buurtbemiddeling.org

Deelgemeente Feijenoord
Project Vreewijk: Ben Dubbeldam, coördinator
Prandellostraat 43 | 3076 KW ROTTERDAM
tel. 010-419 44 85 | e-mail: buurtbemiddeling@devijf.nl

Deelgemeente Hoogvliet
Project Oudeland: Els Stam, coördinator
Othelloweg 5 | 3194 GN HOOGVLIET
tel. 010-295 93 97 | e-mail: hoogvliet@buurtbemiddeling.org

Project Zalmplaat: Els Stam, coördinator
Gebbeeg 12 | 3192 GE HOOGVLIET
tel. 010-438 54 18 | 06-27345910 | e-mail: hoogvliet@buurtbemiddeling.org

Deelgemeente IJsselmonde
Project IJsselmonde: Vinod Bhagwandin en Fica Djohani, coördinators
Hollands Tuin | 3078 EE ROTTERDAM
tel. 010-482 04 71 | Bhagwandin: 06-18523611 | Djohani: 06-53616280
e-mail Vinod Bhagwandin: bhagwandin@oos.eur.nl
e-mail F. Djohani: cocon.djohani@wxs.nl

Deelgemeente Kralingen-Crooswijk
Project Crooswijk: Bep Kruijt, coördinator
Tamboerstraat 8-b | 3034 PV ROTTERDAM
tel. 010-413 66 27 | 06-22567154 | e-mail: crooswijk@buurtbemiddeling.org

Project De Esch: Kim Oostveen, coördinator
3063 HC ROTTERDAM
tel. 010-452 81 81 | 06-18787596 | e-mail: esch@buurtbemiddeling.org

Deelgemeente Noord
Project Agniesebuurt: Mimoun Hmoumou, coördinator
Agniesestraat 125 | 3032 TH ROTTERDAM
tel. 010-265 62 48 | 06 -448 46 927 | e-mail: agniesebuurt@buurtbemiddeling.org

Deelgemeente Prins Alexander
Project Zevenkamp: Helma Faber, coördinator
Kooikerweg 221 | 33069 WP ROTTERDAM
tel. 010-456 04 09 | 06-512 54 831 | e-mail: zevenkamp@buurtbemiddeling.org

Deelgemeente Hillegersberg-Schiebroek
Project Schiebroek: Abderrahim Haddou, coördinator
De Blecourtstraat 26 | 3052 ND ROTTERDAM
tel. 010- 443 06 00 (voorlopig) | e-mail: a.haddou@sonor.nl

Stedelijk coördinator Buurtbemiddeling Rotterdam
Arthur van Thiel
Bergsingel 299 | 3037GW ROTTERDAM
tel. 010-265 27 37 | fax 010-466 85 28 | e-mail: gavanthiel@buurtbemiddeling.org